漢字・語句のガイド
光村図書版 完全準拠 国語
中学②年
文理
JN085522

この本の特色

教科書に出てくる順で覚えられる！

◆教科書の構成に沿った内容なので、学校の授業に合わせて、漢字・語句の学習を進めることができます。

出てきた漢字が確実に覚えられる！

◆教科書に出てくる新出漢字・新出音訓・特別な読み方をする語（熟字訓）は、読み取り・書き取りの両方で、全て出題しています。

◆複数の読み方がある漢字も、中学校で習う読みを全て出題しているので、確実に漢字の知識をつけることができます。

◆注意したい漢字やまちがえやすい漢字は、漢字表の後のコラムで取り上げています。

重要な語句もしっかり覚えられる！

◆教科書に出てくる重要な語句を残さず押さえているので、語句の対策も万全です。

◆語句の意味が複数ある場合は、教科書で使われている意味を取り上げています。

この本の構成と使い方

漢字と語句の解説

新出漢字 漢字の音訓や部首、画数、筆順などを説明し、用例を挙げています。

新出音訓 □の部分が、新しく習う読み方です。

特別な読み方をする語 熟字訓を挙げています。

重要な語句 教科書に出てくる語句のうち、特に覚えておきたい語句について、その意味や用例が示してあります。

教科書に出てくる順！

❖〈　〉内は手書きの際に許容されている字形です。総画数と筆順はこの字形に合わせています。

❖「読み方」では、音読みは片仮名、訓読みは平仮名で示してあります。太い文字は送り仮名です。また、（　）内は中学校では学習しなくてもよい音訓です。

◆注意する語句の記号

類…類義語　対…対義語

関…関連語句　文…短文

基本ドリル

漢字の読み取りと、重要な語句の基本的な使い方について出題しています。まずはしっかりと基礎を固めましょう。

確認ドリル

漢字の書き取りと、重要な語句のより高度な使い方について出題しています。漢字・語句の知識を充実（じゅうじつ）させましょう。

解答編

解き終えたら巻末で答えを確かめましょう。

学びサポート

学習記録アプリ　ほかの教材でも使えます。

●毎日の学習時間をスマホで記録
●学習時間をグラフでかくにん
●学習に応じたごほうびを設定できる

上記のQRコードから，くわしいページにアクセスできます。　※QRコードは（株）デンソーウェーブの登録商標です。

もくじ

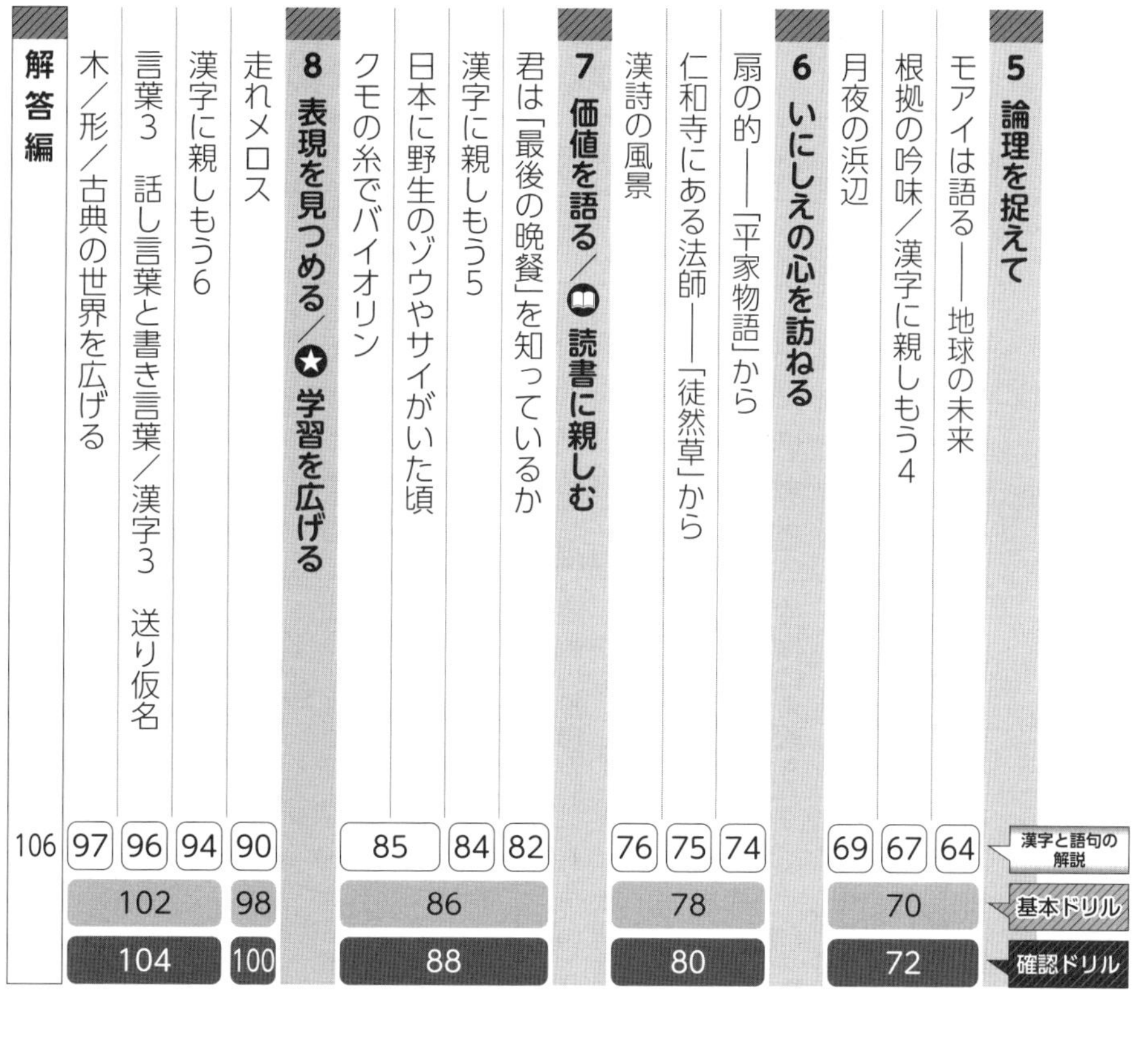

1 広がる学びへ

アイスプラネット

教科書 14▼25ページ

新出漢字

漢字	読み方	部首	画数	筆順	用例
P14 郊	コウ	阝 おおざと	9画	亠 六 ⺈ 交 交阝 郊	都市**近郊**の住宅地に住む。**郊外**の田園地帯に行く。東京の**西郊**を開発する。
P14 畳	ジョウ たた**む** たたみ	田 た	12画	田 畀 畀 畳 畳	**六畳間**の台所。ハンカチを**畳む**。**畳**の上に寝転(ねころ)ぶ。
P14 赴	フ おもむ**く**	走 そうにょう	9画	土 キ キ 走 赴 赴	父は**単身赴任**している。叔父(おじ)の家へ**赴く**。感情の**赴く**ままに振る舞う。
P14 歓	カン	欠 あくび かける けんづくり	15画	𠂉 午 奋 奮 歓 歓	村人から**歓迎**される。客席から**歓声**が上がる。勝利に**歓喜**する。
P14 唯	ユイ (イ)	口 くちへん	11画	口 叶 叶 吖 唯 唯	希望が**唯一**残る。**唯一無二**の親友に出会う。**唯々諾々**(いいだくだく)として受け入れる。
P16 稚	チ	禾 のぎへん	13画	禾 禾 利 秎 秨 稚	あゆの**稚魚**を放流する。弟は会話の内容が**幼稚**だ。**稚拙**(せつ)な絵を描く。

漢字	読み方	部首	画数	筆順	用例
P16 怪	カイ あや**しい** あや**しむ**	忄 りっしんべん	8画	忄 忄 忄 怪 怪	彼は**怪力**の持ち主だ。**怪しい**人影を見かける。箱の中身を**怪しむ**。
P16 脚	キャク (キャ) あし	月 にくづき	11画	月 肚 肢 胠 脚 脚	芝居(しばい)の**脚本**を読む。**脚立**(きゃたつ)に乗って枝を切る。椅子の**脚**が折れる。
P17 勘	カン	力 ちから	11画	一 甘 甘 其 甚 勘	自分の**勘違い**に気づく。レストランの**勘定**を払う。年齢を**勘案**する。
P18 惑	ワク まど**う**	心 こころ	12画	一 戸 或 或 惑 惑	**惑星**を観察する。甘い**誘惑**に負けない。進路の選択に**惑う**。
P19 撮	サツ と**る**	扌 てへん	15画	扌 担 担 揖 揖 撮	映画の**撮影**が行われる。風景写真を**撮る**。
P19 吹	スイ ふ**く**	口 くちへん	7画	口 口 口 叱 吹 吹	**吹奏楽部**に入部する。強い風が**吹く**。彼はほら**吹き**だ。
P19 雄	ユウ お おす	隹 ふるとり	12画	𠂇 厷 広 広 雄 雄	教師が壇上(だんじょう)で**雄弁**を振るう。**雄花**を観察する。**雄猫**が縄張り争いをする。

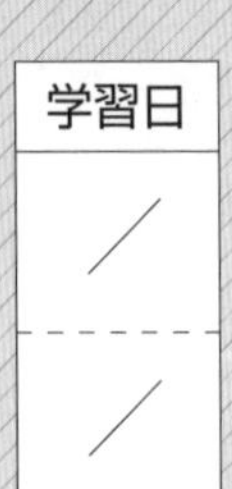

漢字	読み	部首	画数	筆順	用例
P20 端	タン／はし／（は）／はた	立 たつへん	14画	立 竚 竚 端 端 端	**極端**な例を挙げる。ノートの**端**にメモする。**端数**（はすう）を四捨五入する。**道端**にお金が落ちている。
P20 寂	ジャク／（セキ）／さび／さび**しい**／さび**れる**	宀 うかんむり	11画	宀 宀 宇 宇 宗 寂	夜がふけて**静寂**が訪れる。**寂寞**（せきばく）とした古い洋館。**わび寂**を味わう。人がいなくなり**寂しい**教室。**寂れた**街並を歩く。
P20 突	トツ／つ**く**	穴 あなかんむり	8画	宀 穴 穴 空 突 突	試合で優勝候補と**激突**する。**突然**、雨が降りだす。狙い（ねら）を定め、もりで**突く**。
P21 慌	（コウ）／あわ**てる**／あわ**ただしい**	忄 りっしんべん	12画	忄 忕 忙 慌 慌 慌	**金融恐慌**（きんゆうきょうこう）を回避する。不意の指名に**慌てる**。文化祭の準備で**慌ただしい**。
P21 握	アク／にぎ**る**	扌 てへん	12画	扌 扌 护 护 握 握	別れぎわに**握手**をする。**握力**を測る。友達の手を強く**握りしめる**。
P21 股	コ／また	月 にくづき	8画	丿 月 肌 肌 股 股	**股関節**を柔軟（じゅうなん）にする。打球が**股間**を抜けていく。**大股**で歩く。
P22 封	フウ／ホウ	寸 すん	9画	十 土 圭 圭 封 封	手紙を**開封**し、中を見る。**封筒**に月謝を入れて渡す。授業で**封建制度**を学ぶ。
P22 貼	チョウ／は**る**	貝 かいへん	12画	貝 貝 貝卜 貼 貼 貼	書類に写真を**貼付**する。地域のお知らせを**貼示**する。はがきに切手を**貼る**。
P22 詰	（キツ）／つ**める**／つ**まる**／つ**む**	言 ごんべん	13画	言 言 言+ 詰 詰 詰	原因を当事者に**詰問**（きつもん）する。かばんに荷物を**詰める**。思い出の品が**詰まった**箱。目の**詰んだ**布地を買う。

新出音訓
（□は新しく習う読み方）

漢字	読み方	用例
P14 度	ド・（ト）・［タク］／たび	夕飯の**支度**をする。

特別な読み方をする語

24 叔父【おじ】
24 伯父【おじ】

書き誤りに注意

郊 ▼「効」と書き誤りやすいので注意する。広く町外れの意味で用いる。

突 ▼「究」と形が似ているので、書き誤らないように注意する。「突」も「究」も部首は「穴（あなかんむり）」。

使い分けに注意

歓 ▼「観」、「勧（かん）」（教科書58ページ）とは形が似ていて、音読みが同じなので注意する。「観」…注意してよく見る（観察・観賞）、「勧」…すすめる（勧誘（かんゆう）・勧告（かんこく））。

重要な語句
◆は教科書中にある「注意する語句」

14ページ

10 **単身赴任** 転勤の際、家族を残して本人だけ任地へ赴くこと。

12 **唯一** ただ一つで、それ以外にはないこと。
文 ここがこの町で唯一の映画館だ。

15ページ

◆3 **精密** 細部まで注意が行き届いて作られていること。
文 精密機器の生産に携（たずさ）わる。

◆4 **いかにも** （ここでは）まさしくそのとおりの様子で。
文 彼はいかにも大物らしいひげを蓄えている。

12 **ほら** （ここでは）大げさに言うこと。うそ。

16ページ

◆5 **蛇行** 蛇が進むようにくねくねと曲がって進むこと。

◆11 **はるかに** 程度の差が大きい様子。
文 今度の机は、以前のものよりはるかに大きい。

13 **ありえない** 起こる（存在する）はずがない。ありそうもない。

20 **うっかり** ぼんやりして気づかない様子。

18ページ

◆9 **めったに……ない** ほとんど……ない。
文 私の父は、めったに怒らない。

◆16 **口実** 言い逃れや言いがかりの言葉。
文 風邪を口実にサッカーの練習を休む。

19ページ

5 **無愛想** 愛想のない様子。そっけない様子。

14 **気に留める** （ここでは）注意を向ける。

20 **雄弁** 聞き手の心を動かすように堂々と話すこと。

20ページ

◆3 **極端** （ここでは）非常にかたよっていること。
文 極端な言い方をして誤解を招いた。

19 **ぶっきらぼう** 話し方や態度に愛想がない様子。類 無愛想
文 祖父は口のききかたはぶっきらぼうだが、とても優しい。

枕草子（まくらのそうし）

教科書 28▼31 ページ

新出漢字

漢字	読み方	部首	画数	筆順	用例
P28 紫	シ / むらさき	糸 いと	12画	丨 ト 止 此 柴 紫	**紫外線**から肌（はだ）を守る。**紫色**の布地を買う。**紫**がかった雲を眺める。
P28 蛍	ケイ / ほたる	虫 むし	11画	⺍ 𠂉 学 営 蛍	部屋の**蛍光灯**をつける。**蛍**が群生する美しい川。**蛍火**に夏の風情（ふぜい）を感じる。
P28 趣	シュ / おもむき	走 そうにょう	15画	土 走 走 趄 趣 趣	**趣向**を凝（こ）らした料理。私の**趣味**は読書だ。**趣**深い風景を味わう。
P29 寝	シン / ねる / ねかす	宀 うかんむり	13画	宀 宀 宇 寝 寝 寝	**寝室**で体を休める。疲れたので**寝る**。赤ん坊をふとんに**寝かす**。
P29 霜	（ソウ） / しも	雨 あめかんむり	17画	干 雨 雨 霜 霜 霜	敗戦から**幾星霜**（いくせいそう）を経る。寒い朝に**霜柱**が立つ。**霜**が降り、冬を感じる。
P30 踊	ヨウ / おどる / おどり	足 あしへん	14画	口 足 跖 踊 踊 踊	民族**舞踊**を伝承する。楽しそうにダンスを**踊る**。夏に盆（ぼん）**踊り**大会が開かれる。
P30 傾	ケイ / かたむく / かたむける	亻 にんべん	13画	亻 化 化 傾 傾 傾	出題の**傾向**を調べる。壁（かべ）の絵が**傾く**。体を前に**傾ける**。

漢字	読み方	部首	画数	筆順	用例
P30 晶	ショウ	日 ひ	12画	丨 冂 日 日 日日 晶	大型**液晶**テレビを買う。 雪の**結晶**を顕微鏡（けんびきょう）で見る。 **水晶**を使ったアクセサリー。

形に注意

紫

▼上の部分の「此」を「比」と書き誤りやすい。一画目がどこかなど、筆順にも注意する。

読みに注意

趣

▼訓読みは「おもむき」。「趣き」と、「き」を送らないように注意する。

書き誤りに注意

傾

▼真ん中の部分の「匕」を「エ」と書き誤りやすいので、注意する。「傾」には「かたむく・集中する」などの意味がある。例傾斜・傾向

重要な語句

28ページ

下6たなびく　雲やかすみなどが横に長く引くように漂（ただよ）う。

下8言うまでもない　言う必要もないほど明らかだ。
文彼がリーダーにふさわしいことは、言うまでもない。

下10ほのか　ほんの少しではあるが、それとなくわかる様子。

下11趣　（ここでは）風情（ふぜい）のある様子。味わい。

29ページ

下3ねぐら　（ここでは）鳥の寝る所。

30ページ

下17似つかわしい　ふさわしい。似合う。

下6目ざとい　見つけることが早い。

思考の視覚化

教科書 32▼33 ページ

新出漢字

漢字	読み方	部首	画数	筆順	用例
P33 壌	ジョウ	土 つちへん	16画	土 圹 坾 堙 壌 壌	**土壌**汚染の原因を探る。 天**壌**の隔たりがある。
P33 排	ハイ	扌 てへん	11画	扌 打 抈 挷 排 排	生活**排水**が問題となる。 **排気管**を設置する。 差別を**排**し、平等化を図る。

新出音訓

（□は新しく習う読み方）

漢字	読み方	用例
P33 笑	ショウ わら**う**・[え**む**]	優しい笑みを浮かべる。

書き誤りに注意

排

▼「亻（にんべん）」の「俳」と書き誤りやすいので注意する。
・排…押しのける・しりぞけるという意味。例排出・排除
・俳…芸人・ユーモアという意味。例俳優・俳句

漢字1 熟語の構成

教科書 38▼39ページ

新出漢字

漢字	読み方	部首	画数	筆順	用例
P38 岳	ガク たけ	山 やま	8画	ノ 亻 仁 斤 丘 岳	**岳父**と食事をする。**山岳**の気候を調べる。**谷川**(たにがわ)**岳**を登る。
P38 搭	トウ	扌 てへん	12画	扌 扌 扌 扌 扌 搭	飛行機に**搭乗**する。電子機器を**搭載**(さい)する。
P38 禍	カ	礻 しめすへん	13画	ラ 礻 礻冂 礻冎 禍 禍	将来に**禍根**を残す。人生の**禍福**をともにする。**災禍**の記憶を語り継ぐ。
P38 慶	ケイ	心 こころ	15画	广 户 声 声 慶 慶	新年を**慶賀**する。一家の**慶事**を祝う。新年を**慶祝**する。
P38 弔	チョウ とむら**う**	弓 ゆみ	4画	一 コ 弓 弔	**慶弔**のしきたりを学ぶ。**弔問**客にお礼を伝える。先祖を丁重に**弔う**。
P38 遷	セン	辶 しんにょう しんにゅう	15画	覀 西 要 要 䙴 遷	新しい土地に**遷都**する。都市の**変遷**をたどる。社を建て替えて**遷宮**する。
P38 俊	シュン	亻 にんべん	9画	亻 仏 仫 俊 俊 俊	**俊英**と期待される少年。彼女は学校一の**俊才**だ。**俊足**をとばして一着になる。

漢字	読み方	部首	画数	筆順	用例
P38 猛	モウ	犭 けものへん	11画	ノ 犭 犭 犭 猛 猛	今年の夏は**猛暑**だ。自分の誤りを**猛省**する。**猛犬**がほえる。
P39 肖	ショウ	月 にくづき	7画	丨 丨丨 ⺌ 肖 肖 肖	友人の**肖像画**を描く。**不肖**の息子と謙遜(けんそん)する。
P39 免	メン (まぬか**れる**)	儿 にんにょう ひとあし	8画	ク 名 缶 缶 争 免	自動車の運転**免許証**。筆記試験が**免除**される。危機を**免**(まぬか)**れる**。
P39 雌	シ め めす	隹 ふるとり	14画	止 此 此 此 雌 雌	**雌雄**を決する勝負に挑む。**雌花**に花粉を付ける。ひよこの**雌**と雄を区別する。
P39 浄	ジョウ	氵 さんずい	9画	氵 氵 氵 浄 浄 浄	池に**自浄作用**が働く。**清浄**な空気を味わう。実験器具を**洗浄**する。
P39 没	ボツ	氵 さんずい	7画	氵 氵 氵 沪 没 没	読書に**没頭**する日々を送る。熊が人里に**出没**する。**日没**の時刻になる。
P39 兼	ケン か**ねる**	八 はち	10画	丷 当 当 兼 兼 兼	**兼業**の農家が増える。役員を**兼任**する。費用との**兼ね合い**をはかる。
P39 霧	ム きり	雨 あめかんむり	19画	雨 雫 雭 雰 霧 霧	船が**霧笛**を鳴らす。**濃霧**で前が全く見えない。**霧**に覆われた湖畔(こはん)。
P39 秩	チツ	禾 のぎへん	10画	千 禾 利 秋 秩 秩	**無秩序**な並びの本棚。

	妥	奔	哀	妄	疾	迅	鯨	篤
ページ	P39	P39	P39	P39	P39	P39	P39	P39
読み方	ダ	ホン	アイ あわ**れ** あわ**れむ**	モウ （ボウ）	シツ	ジン	ゲイ くじら	トク
部首	女 おんな	大 だい	口 くち	女 おんな	疒 やまいだれ	辶 しんにょう しんにゅう	魚 うおへん	竹 たけかんむり
画数	7画	8画	9画	6画	10画	6画	19画	16画
用例	両者の**妥協点**を探る。 話し合いが**妥結**する。 **妥当性**があると判断する。	**自由奔放**な生活を送る。 会場探しに**奔走**する。 本番の準備に**東奔西走**する。	**喜怒哀楽**を描いたドラマ。 泣く子に**哀れ**をもよおす。 捨て犬を**哀れむ**。	**妄言**を無視する。 非常時の**軽挙妄動**を戒める。 人々の**妄議**（ぼうぎ）に任せない。	気道の**疾患**（かん）を治療（ちりょう）する。 リレー競走で全力**疾走**する。 **疾風**が吹き抜ける。	**迅速**に作業を進める。 **獅子奮迅**（しし）の勢いで勝ち進む。 **疾風迅雷**の進撃が続く。	**鯨油**を使ったランプ。 父の**鯨飲馬食**を母が叱（しか）る。 **鯨**の種類を調べる。	**篤志家**の寄付が集まる。 いとこは**温厚篤実**な性格だ。 祖父が一時**危篤**に陥る。

新出音訓

（□は新しく習う読み方）

漢字	読み方	用例
我 (P39)	[ガ] われ・わ	子供の**自我**が発達する。
麦 (P39)	[バク] むぎ	ビールは**麦芽**を原料とする。
弟 (P39)	[テイ]・ダイ・デ おとうと	**師弟**の関係になる。
姉 (P39)	[シ] あね	彼女は**長姉**である。
妹 (P39)	[マイ] いもうと	**姉妹**で同じ服を着る。
極 (P39)	キョク・[ゴク] きわ**める**・きわ**まる**・きわ**み**	**極秘**の任務に就（つ）く。
厚 (P39)	[コウ] あつ**い**	彼は**温厚**な人柄だ。

書き誤りに注意

搭

▼「扌（つちへん）」の「塔」と書き誤りやすい。
・搭…のる・のせるという意味。例 搭乗
・塔…細長い建物という意味。例 管制塔

部首に注意

禍

▼「ネ（しめすへん）」と「衤（ころもへん）」の書き誤りに注意する。

重要な語句

38ページ

下4 搭乗 船や飛行機に乗り込むこと。
下6 禍福 災いと幸せ。
文 禍福はあざなえる縄のごとし（幸福と不幸は、縄をより合わせたように入れかわりやってくる）。
下7 慶弔 結婚、出産などの喜ぶべき事と、死や葬式などの悲しむべき事。
下9 人造 天然のものに似せて人工的につくること。
文 人造大理石でできた浴槽。
下12 遷都 都を他の土地に移すこと。
下15 俊足 優れた才能をもつ人。足の速いこと、足の速い人。
下17 刻刻（刻々） 時間の一区切り一区切り。時間がたつにつれて。
文 試合開始時刻が刻刻と迫っている。
下17 喜喜（喜々） 喜んで物事をする様子。

39ページ

上3 松竹梅 どれも寒さに耐えることから、めでたいものとして祝い事に用いる。また、品物などを三つの等級に分けた場合のそれぞれの呼称。
上6 肖像画 ある人物の顔や姿を描いた絵。
上11 花鳥風月 自然の美しい風物。またその趣を楽しむこと。
上17 一進一退 進んだり退いたりすること。また、よくなったり悪くなったりすること。
文 一進一退の攻防を制し、勝利をつかんだ。
上17 大同小異 小さな違いはあっても大差がないこと。
文 たくさんの意見が集まったが、どれも大同小異だ。
上17 美辞麗句 美しくうわべを飾りたてた言葉や文句。
上18 言いならわす 世間一般でそのように言う。
下3 自我 自分。行動や意識の主体。他者とは区別されるもの。
下3 麦芽 麦、特に大麦を発芽させたもの。ビールなどの製造に用いる。

漢字に親しもう1

教科書 40 ページ

新出漢字

漢字	読み方	部首	画数	筆順	用例
P40 旨	シ（むね）	日 ひ	6画	一 ヒ ヒ 旨 旨 旨	**論旨**を明確にする。会議の**要旨**をまとめる。旅行に参加する**旨**を伝える。
P40 簿	ボ	⺮ たけかんむり	19画	⺮ 箔 箔 箔 簿 簿	**名簿**と照らし合わせる。**出席簿**に記入する。**簿記**の試験を受ける。
P40 欄	ラン	木 きへん	20画	木 杷 椚 欄 欄 欄	**欄外**に書かれた語注。**記入欄**に名前を書く。**解答欄**に答えを記入する。
P40 誓	セイ ちかう	言 げん	14画	扌 扩 折 折 誓 誓	大会で**選手宣誓**する。**誓約書**に氏名を記入する。永遠の友情を**誓う**。
P40 稿	コウ	禾 のぎへん	15画	二 禾 秆 稍 稿 稿	**原稿用紙**に作文を書く。**草稿**を清書し、提出する。新聞社に俳句を**投稿**する。

ページ	漢字	読み方	部首	画数	筆順	用例
P40	芯	シン	艹 くさかんむり	7画	一 十 艹 艹 芯 芯	鉛筆の**芯**を削る。
P40	箇	カ	⺮ たけかんむり	14画	⺈ ⺮ 笛 笛 箇 箇	誤りがある**箇所**を正す。問題点を**箇条書き**にする。
P40	啓	ケイ	口 くち	11画	ヨ 戸 戸 戸 戸 啓	神の**啓示**を受ける。哲学書に**啓発**される。手紙を「**拝啓**」で書き始める。
P40	携	ケイ たずさ**える** たずさ**わる**	扌 てへん	13画	扌 扌 扌 推 推 携	生徒手帳を**携帯**する。腰に刀を**携える**。子供の教育に**携わる**。
P40	阻	ソ (はば**む**)	阝 こざとへん	8画	阝 阝 阝 阻 阻 阻	伝染病の流行を**阻止**する。連絡を**阻害**する要因を探る。ライバルの連勝を**阻む**(はば)。
P40	租	ソ	禾 のぎへん	10画	二 千 禾 和 和 租	国民が**租税**を負担する。**公租**の仕組みを学ぶ。**租借**した土地を返還する。
P40	喚	カン	口 くちへん	12画	口 口 口 口 口 喚	人々が驚きの**喚声**を上げる。落石注意を**喚起**する。事件の証人を**喚問**する。
P40	冠	カン かんむり	冖 わかんむり	9画	冖 冖 冖 冠 冠 冠	優勝の**栄冠**に輝く。女王が**王冠**をかぶる。立派な**冠**をかぶる。
P40	奉	ホウ ブ (たてまつ**る**)	大 だい	8画	三 声 夫 奉 奉 奉	**奉仕**の精神を学ぶ。江戸の**町奉行**。将軍に金品を**奉る**(たてまつ)。
P40	峰	ホウ みね	山 やまへん	10画	山 山 山 山 峰 峰	**最高峰**の山に登る。北アルプス**連峰**の写真。**峰**に雪が降り積もる。

新出音訓

(［　］は新しく習う読み方)

ページ	漢字	読み方	用例
P40	音	オン・［イン］ おと・ね	大きな**福音**をもたらす。
P40	仮	カ・［ケ］ かり	**仮病**を見抜く。
P40	歩	ホ・［ブ］・(フ) ある**く**・あゆ**む**	**歩合**の計算について学ぶ。
P40	早	ソウ・［サッ］ はや**い**・はや**まる**・はや**める**	**早速**、作業に取りかかる。
P40	経	ケイ・［キョウ］ へ**る**	毎日**写経**を行う。
P40	京	キョウ・［ケイ］	**京浜工業地帯**の産業。
P40	阪	［ハン］	**京阪**を鉄道で往復する。
P40	示	ジ・［シ］ しめ**す**	自分の考えを**図示**する。
P40	仁	ジン・［ニ］	寺に安置された**仁王像**。
P40	拾	［シュウ］・［ジュウ］ ひろ**う**	旅行先で**拾得物**を預かる。御祝儀(ごしゅうぎ)に**拾万円**を包む。

基本ドリル 1

❶ 広がる学び へ

解答 106ページ

学習日 ／ ／

1 次の漢字の読み方を書きなさい。

アイスプラネット

□① 明日の学校の支度をする。
□② 郊外に家を建てる。
□③ 私の部屋は六畳間だ。
□④ ふとんを畳む。
□⑤ 畳の上に正座する。
□⑥ 父は単身赴任が長い。
□⑦ 新しい任地に赴く。
□⑧ 祖母に歓迎される。
□⑨ 唯一自慢できるのは健康だ。
□⑩ 幼稚な考えを改める。
□⑪ どうも雲行きが怪しい。
□⑫ 彼は怪力で岩を動かした。
□⑬ 壊れた机の脚を直す。
□⑭ 劇の脚本を暗記する。
□⑮ 勘違いからけんかになった。
□⑯ 望遠鏡で惑星を見る。
□⑰ 決めかねて心が惑う。
□⑱ 記念写真を撮る。
□⑲ パレードの様子を撮影する。
□⑳ ほら吹きと言われて怒る。
□㉑ 吹奏楽部の部長を務める。
□㉒ 自分の主張を雄弁に語る。
□㉓ 雄花が花粉をまき散らす。
□㉔ 雄のライオンのたてがみ。
□㉕ 母は極端な話をする。
□㉖ 布の切れ端を集める。
□㉗ 道端のごみを拾う。
□㉘ 寂しい秋の夕暮れ。
□㉙ 静寂に包まれる寺。
□㉚ 突然、強い雨が降ってきた。
□㉛ もりで魚を突く漁法。
□㉜ 宿題を忘れて慌てる。
□㉝ ハンカチを握りしめる。
□㉞ 野球選手と握手をする。
□㉟ 健康のため大股で歩く。
□㊱ 股関節を広げる運動。
□㊲ 封筒に書類を入れる。
□㊳ 彼の考え方は封建的だ。
□㊴ 絵はがきに切手を貼る。
□㊵ 受験票に写真を貼付する。
□㊶ 荷物が詰まったかばん。
□㊷ 叔父と遊びに行く。
□㊸ 伯父の家に世話になる。

①	②
③	④
⑤	⑥
⑦	⑧
⑨	⑩
⑪	⑫
⑬	⑭
⑮	⑯
⑰	⑱
⑲	⑳
㉑	㉒
㉓	㉔
㉕	㉖
㉗	㉘
㉙	㉚
㉛	㉜
㉝	㉞
㉟	㊱
㊲	㊳
㊴	㊵
㊶	㊷
㊸	

枕草子（まくらのそうし）

□ ㊹ 紫がかった青色の小さな花。
□ ㊺ 紫外線を避ける。
□ ㊻ 夏の夜に蛍が飛びかう。
□ ㊼ 蛍光灯を取り換える。
□ ㊽ 趣のあるたたずまい。
□ ㊾ 趣味のギターを演奏する。
□ ㊿ 疲れたので早く寝る。
□ 51 寝室でくつろぐ。
□ 52 庭の土が霜で白くなる。
□ 53 ステージで踊る。
□ 54 民族舞踊を教わる。
□ 55 机を傾けて運ぶ。
□ 56 出題の傾向を研究する。
□ 57 水晶が割れる。

思考の視覚化

□ 58 土壌汚染を防ぐ取り組み。
□ 59 生活排水で海が汚れる。
□ 60 母は笑みを絶やさない。

2 次の語句を使って短文を作りなさい。

アイスプラネット

□ いかにも
（　　　　　　　　　　）

3 次の――線の語句の意味を後から選び、記号で答えなさい。

アイスプラネット

□ ① 彼は本の話になると、雄弁になる。（　）
□ ② 蛇行した川の流れに沿って進む。（　）
□ ③ 口実を設けて一足先に家に帰る。（　）

枕草子

□ ④ 彼女にはバラの花が似つかわしい。（　）
□ ⑤ 緑のコケに覆われた庭は趣がある。（　）
□ ⑥ 旅行が楽しみなのは言うまでもない。（　）

ア いう必要もないほど明らかだ。
イ 聞き手の心を動かすように堂々と話すこと。
ウ 風情（ふぜい）のある様子。味わい。
エ ふさわしい。にあう。
オ 言い逃れや言いがかりの言葉。
カ へびが進むようにくねくねと曲がって進むこと。

4 次の文の（　）に当てはまる語句を選び、○で囲みなさい。

アイスプラネット

□ ① 日曜日は（ たいてい ・ まるで ）野球をしている。
□ ② 皿を（ うっかり ・ さすがに ）落としそうになった。
□ ③ 話を（ いったい ・ がらっと ）変える。
□ ④ （ 二度と ・ 思わず ）山には行きたくない。

思考の視覚化

□ ⑤ 家の（ 背水 ・ 排水 ）管を修理する。

確認ドリル 1

❶ 広がる学び

解答 106ページ

学習日 ／ ／

1 次の片仮名を漢字で書きなさい。

アイスプラネット

□① 劇のキャクホンを書く。
□② 部屋にポスターをハる。
□③ アワてて電話を切る。
□④ 海外にフニンする。
□⑤ 古いタタミを替える。
□⑥ スイソウガク部の演奏。
□⑦ ヘチマのオバナ。
□⑧ カイリキで岩を持ち上げる。
□⑨ チームの優勝にカンキする。
□⑩ 試合で王者とゲキトツする。
□⑪ 花の写真をトる。
□⑫ 中世のホウケン制度。
□⑬ 手をニギりしめる。
□⑭ シャツをタタむ。
□⑮ 食事のシタクをする。
□⑯ 急な夕立にコンワクする。
□⑰ 手紙に切手をチョウフする。
□⑱ 思い出がツまったアルバム。
□⑲ 大都市キンコウの農家。
□⑳ うちの犬はオスだ。
□㉑ 冬のサビしい情景。
□㉒ キョクタンな話を聞く。

①	②
③	④
⑤	⑥
⑦	⑧
⑨	⑩
⑪	⑫
⑬	⑭
⑮	⑯
⑰	⑱
⑲	⑳
㉑	㉒

□㉓ 東京の本社にオモムく。
□㉔ 笑顔でアクシュをする。
□㉕ 郵便物をカイフウする。
□㉖ テーブルのアシを伸ばす。
□㉗ 彼はオオマタで歩き去った。
□㉘ 妹はヨウチ園に通っている。
□㉙ 紙の切れハシにメモする。
□㉚ やりで魚をツく。
□㉛ コカンセツが痛む。
□㉜ 居間はロクジョウだ。
□㉝ 映画をサツエイする。
□㉞ 大きなカンチガいをする。
□㉟ 母の兄をオジという。
□㊱ 通行人の行動をアヤしむ。
□㊲ 心がマドい決断できない。
□㊳ 夜のセイジャクに包まれる。
□㊴ 将来の夢をユウベンに語る。
□㊵ 花がミチバタに咲いている。
□㊶ ユイイツ無二の友。
□㊷ 南から強い風がフく。
□㊸ 彼は父の弟、私のオジだ。

㉓	㉔
㉕	㉖
㉗	㉘
㉙	㉚
㉛	㉜
㉝	㉞
㉟	㊱
㊲	㊳
㊴	㊵
㊶	㊷
㊸	

枕草子（まくらのそうし）

□㊹ 美しいスイショウ。

□㊺ 日本ブヨウを見る。

□㊻ 田んぼでホタルが光る。

□㊼ オモムキ深い雪景色。

□㊽ シュミは切手収集です。

□㊾ 外国のオドリを見る。

□㊿ ゼンケイ姿勢になる。

□51 ケイコウペンで線を引く。

□52 猫が庭でネている。

□53 庭にハツシモが降りる。

□54 夕方になり日がカタムく。

□55 シガイセンを防ぐ。

□56 シングを買いに行く。

□57 ムラサキ色の着物。

思考の視覚化

□58 子供がエみを浮かべる。

□59 豊かなドジョウ。

□60 ハイスイ管を交換する。

㊹	㊻	㊽	㊿	52	54	56	58	60
㊺	㊼	㊾	51	53	55	57	59	

2 後の漢字を二つずつ組み合わせて、熟語を三つ作りなさい。

アイスプラネット

□（　　）（　　）（　　）

就　担　証　負　拠　職

3 次の（　）に当てはまる同音異義語を書きなさい。

アイスプラネット

□① コウガイ
(1)（　　）の家に引っ越す。
(2) 駅の（　　）の売店で買う。

□② タンシン
(1)（　　）で上京する。
(2) 時計の（　　）が遅れる。

4 次の（　）に当てはまる語句を後から選び、書き入れなさい。

枕草子

□① 三月になり寒さが（　　）。

□② 烏（からす）がねぐらへ（　　）。

□③ かすみが（　　）。

□④ うちわであおいで火を（　　）。

□⑤ 日がすっかり（　　）。

□⑥ 東の空が（　　）。

おこす　ゆるむ　飛び急ぐ
たなびく　白む　しずむ

基本ドリル 2

❶ 広がる学びへ

解答 106ページ

学習日 ／ ／

1 次の漢字の読み方を書きなさい。

漢字1

□① ヒマラヤの山岳に咲く花。
□② 谷川岳(たにがわ)のロープウェイ。
□③ ヘリコプターに搭乗する。
□④ 人生の禍福を占う。
□⑤ 慶弔に使用できる礼服。
□⑥ 死者を弔う鐘(かね)の音。
□⑦ 平安京に遷都する。
□⑧ 彼は我が校の俊足だ。
□⑨ 猛犬に注意する。
□⑩ 肖像画を鑑賞する。
□⑪ 運転免許証を見せる。
□⑫ 自我に目覚める。
□⑬ 麦芽の入ったパン。
□⑭ 師弟の関係を結ぶ。
□⑮ ひよこの雌雄を見分ける。
□⑯ 種子植物の雌しべ。
□⑰ うちの猫は雌だ。
□⑱ 空気清浄器を設置する。
□⑲ 日没の時刻を調べる。
□⑳ 兼業の農家が多い地域。
□㉑ 大は小を兼ねる。
□㉒ 海岸は濃霧に覆われた。

□㉓ たちまち霧が晴れた。
□㉔ 姉妹の物語を読む。
□㉕ 極秘で任務にあたる。
□㉖ 無秩序に建つビル。
□㉗ 妥当性のある意見。
□㉘ 実現のため東奔西走する。
□㉙ 喜怒哀楽が顔に出る。
□㉚ 笛の音が哀れを誘う。
□㉛ 軽挙妄動をつつしむ。
□㉜ 疾風迅雷の攻撃。
□㉝ 鯨飲馬食をやめる。
□㉞ 南氷洋の鯨の群れ。
□㉟ 温厚篤実な人物。

漢字に親しもう1

□㊱ 説明文の要旨をまとめる。
□㊲ 出席者の名簿を作成する。
□㊳ 記入欄を文字で埋める。
□㊴ 選手宣誓の大役を務める。
□㊵ 永遠の友情を誓う。
□㊶ 感想文を原稿用紙に書く。
□㊷ シャープペンシルの芯。
□㊸ 項目を箇条書きにする。

①	②
③	④
⑤	⑥
⑦	⑧
⑨	⑩
⑪	⑫
⑬	⑭
⑮	⑯
⑰	⑱
⑲	⑳
㉑	㉒
㉓	㉔
㉕	㉖
㉗	㉘
㉙	㉚
㉛	㉜
㉝	㉞
㉟	
㊱	㊲
㊳	㊴
㊵	㊶
㊷	㊸

□㊹ 初めに「拝啓」と書く。
□㊺ 身分証を携帯する。
□㊻ 長年教育に携わっている。
□㊼ 病気の流行を阻止する。
□㊽ 国が租税を徴収する。
□㊾ 住民の注意を喚起する。
□㊿ 頭上に王冠が輝く。
□51 金の冠をかぶる。
□52 地域の発展に奉仕する。
□53 町奉行が町政をつかさどる。
□54 日本の最高峰は富士（ふじ）山だ。
□55 雲の上にそびえ立つ峰。
□56 福音をもたらす。
□57 仮病を使って欠席する。
□58 成績に応じた歩合給。
□59 早速、新名所に出かける。
□60 気を静めて写経を行う。
□61 京阪とは京都と大阪をさす。
□62 論点を図示する。
□63 仁王像を見学する。
□64 交番に拾得物を届ける。
□65 拾万円の祝い金。

㊹	㊺
㊻	㊼
㊽	㊾
㊿	51
52	53
54	55
56	57
58	59
60	61
62	63
64	65

2 次の——線の読み方が異なるものを選び、記号で答えなさい。

漢字に親しもう1

□① ア 母音　イ 福音　ウ 音楽　（　　）
□② ア 歩合　イ 徒歩　ウ 歩数　（　　）

3 次の①～⑤の構成になるように、後から漢字を選び、熟語を作りなさい。

漢字1

□① 意味が似ている漢字の組み合わせ。　（寒□）（□助）
□② 意味が対になる漢字の組み合わせ。　（□悪）（□雄）
□③ 主語と述語の関係。　（□鳴）（市□）
□④ 下の漢字が上の漢字の目的や対象を示す。　（読□）（就□）
□⑤ 上の漢字が下の漢字を修飾する。　（□路）（牛□）

救　善　冷　雷　職　書　肉　営　雌　水

4 次の熟語を例にならって分解しなさい。

漢字1

例 最高裁判所 → 最高／裁判／所

□① 可能性
□② 不必要
□③ 東西南北
□④ 国際交流

確認ドリル 2

❶ 広がる学び へ

解答 107ページ

学習日 ／ ／

1 次の片仮名を漢字で書きなさい。

漢字1

□① 社会のチツジョを乱す。
□② 彼女はシュンソクだ。
□③ メバナにハチが飛んでくる。
□④ ノウム注意報が出る。
□⑤ もうすぐニチボツの時刻だ。
□⑥ ショウゾウガを描く。
□⑦ キトク状態からもち直す。
□⑧ 母は三人シマイの長女だ。
□⑨ 穂高（ほたか）ダケの山小屋。
□⑩ キドアイラクが激しい。
□⑪ シユウを決する決勝戦。
□⑫ それはダトウな意見だ。
□⑬ ジンソクに対処する。
□⑭ 葬儀でチョウジを述べる。
□⑮ モウゲンを信じる。
□⑯ ゲイインバショクをしない。
□⑰ メスの猫をかわいがる。
□⑱ ごコウイに感謝します。
□⑲ うちはケンギョウ農家だ。
□⑳ カコンを残す結果になった。
□㉑ ゴクヒの書類を保管する。
□㉒ メンキョの取得試験。

①	②
③	④
⑤	⑥
⑦	⑧
⑨	⑩
⑪	⑫
⑬	⑭
⑮	⑯
⑰	⑱
⑲	⑳
㉑	㉒

□㉓ 戦士をトムラう歌。
□㉔ 長寿（ちょうじゅ）をケイガする。
□㉕ シテイ愛に感動する。
□㉖ 世界最大級のクジラ。
□㉗ ジガが発達する年代。
□㉘ バクガの入った飲み物。
□㉙ 湖にキリがたちこめる。
□㉚ 流行のヘンセンをたどる。
□㉛ 自由ホンポウに生きる。
□㉜ 八月にモウショ日が続く。
□㉝ 趣味と実益をカねる。
□㉞ その話をアワれに思う。
□㉟ サンガク部に入部する。
□㊱ 全力でシッソウする。
□㊲ 食器をセンジョウする。
□㊳ 飛行機のトウジョウ口。

漢字に親しもう1

□㊴ ケイタイ電話を使う。
□㊵ 国民に注意カンキをする。
□㊶ ケビョウを疑う。
□㊷ メイボに記入する。
□㊸ 優勝のエイカンを手にする。
□㊹ 「金ジュウ万円」の表書き。

㉓	㉔
㉕	㉖
㉗	㉘
㉙	㉚
㉛	㉜
㉝	㉞
㉟	㊱
㊲	㊳
㊴	㊵
㊶	㊷
㊸	㊹

□㊺ ろうそくのシン。
□㊻ 暴力は断固ソシする。
□㊼ 江戸時代のブギョウ所。
□㊽ 自己ケイハツの本を読む。
□㊾ ミネが高くそびえる。
□㊿ 「フクインの書」。
□51 テストで三カショ間違える。
□52 お寺でシャキョウをする。
□53 ヨウシを二百字でまとめる。
□54 現地の場所をズシする。
□55 カンムリを頭上にのせる。
□56 ケイハン地方を旅する。
□57 大会で選手センセイする。
□58 ブアイ制で給料を支払う。
□59 弁当をタズサえていく。
□60 サッソク手紙の返事を書く。
□61 解答ランに記号を書く。
□62 日本文学のサイコウホウ。
□63 ソゼイを負担する。
□64 ホウシ活動に取り組む。
□65 校内新聞のゲンコウを書く。
□66 互いの協力をチカう。
□67 シュウトク物を預ける。
□68 寺の門に立つニオウ像。
□69 ケイヒン工業地帯の生産量。

㊺	㊼	㊾	51	53	55	57	59	61	63	65	67	69
㊻	㊽	㊿	52	54	56	58	60	62	64	66	68	

2 次の漢字を□に入れると正しい三字熟語になるものを選び、( )に○を付けなさい。

漢字1

□① 未 ア( )□成年 イ( )□効率 ウ( )□本意
□② 無 ア( )□常識 イ( )□意識 ウ( )□完成
□③ 非 ア( )□平等 イ( )□秩序 ウ( )□対称
□④ 不 ア( )□記名 イ( )□機嫌 ウ( )□公式

3 次の□に、後の漢字を組み合わせて入れて、四字熟語を作りなさい。

漢字1

□① 東□西□
□② 異□同□
□③ □風□雷
□④ □器□成

口　迅　大　音　走　疾　奔　晩

4 次の□に共通して当てはまる漢字を書きなさい。

漢字に親しもう1

□① □験・写□・□済 ( )
□② □談・指□・図□ ( )

2 多様な視点から／情報社会を生きる

教科書 42▼66 ページ

学習日 ／ ／

クマゼミ増加の原因を探る

教科書 42▼51 ページ

新出漢字

漢字	読み方	部首	画数	筆順	用例
P42 捕	ホ とらえる とらわれる とる つかまえる つかまる	扌 てへん	10画	扌 扌 扩 捐 捕 捕	外野手がゴロを**捕球**する。 魚を**捕らえて**生活する。 敵に**捕らわれる**。 山で獲物を**捕る**。 犯人を**捕まえる**。 犯人が警察に**捕まる**。
P42 顕	ケン	頁 おおがい	18画	日 旦 显 显 顕 顕	課題が**顕在化**する。 効果が**顕著**に現れる。 **顕微鏡**をのぞく。
P43 殻	カク から	殳 るまた ほこづくり	11画	士 声 声 売 殻 殻	**地殻**の変動が起こる。 **貝殻**を耳に当てる。 セミの**抜け殻**を集める。
P43 舗	ホ	口 くち	15画	𠆢 舎 舗 舗 舗 舗	道路を**舗装**する。 全国に**店舗**を設ける。 和菓子の**本舗**が改修される。
P43 燥	ソウ	火 ひへん	17画	火 炉 炉 焊 焊 燥	冬の空気は**乾燥**している。 **焦燥**（しょう）感に駆られる。 **無味乾燥**な文章。

漢字	読み方	部首	画数	筆順	用例
P44 枯	コ かれる からす	木 きへん	9画	木 木 村 村 枯 枯	イチョウの大木が**枯死**する。 **枯れ枝**を拾う。 育てていた花を**枯らす**。
P44 眠	ミン ねむる ねむい	目 めへん	10画	目 盯 盯 眂 眠 眠	冬に**休眠**する植物。 ぐっすり**眠り**、疲れを取る。 **眠い**目をこすり早起きする。
P44 潜	セン ひそむ もぐる	氵 さんずい	15画	氵 氵 沩 浃 潜 潜	戦地に**潜入**して取材する。 闇に**潜む**生物。 ペンギンが海中に**潜る**。
P44 耐	タイ たえる	而 しかして しこうして	9画	丆 丙 而 而 耐 耐	**耐熱容器**でグラタンを焼く。 **耐久性**の高い製品を買う。 厳しい訓練に**耐える**。
P45 緩	カン ゆるい ゆるやか ゆるむ ゆるめる	糸 いとへん	15画	糸 紀 綬 綬 緩 緩	政府が規制を**緩和**する。 車が**緩い**カーブを曲がる。 **緩やか**な下り坂が続く。 試験が終わり気が**緩む**。 車のスピードを**緩める**。
P45 零	レイ	雨 あめかんむり	13画	一 雨 雨 雨 雯 零	気温が**零度**になる。 **零細企業**を支援する。 不況で**零落**する会社が多い。
P46 軟	ナン やわらか やわらかい	車 くるまへん	11画	亘 車 車 軟 軟 軟	変化に**柔軟**に対応する。 **軟らか**な肉を調理する。 **軟らかい**食べ物を好む。

漢字	読み方	部首・画数	用例
P46 狙	ソ ねらう	犭 けものへん 8画	**狙撃**事件の記事を読む。 相手のすきを**狙う**。 **狙い**を定める。
P46 須	ス	頁 おおがい 12画	登山に雨具の持参は**必須**だ。 英語は**必須**の科目だ。 **急須**で煎茶(せんちゃ)をいれる。
P47 遭	ソウ あう	辶 しんにょう しんにゅう 14画	雪山で**遭難**しそうになる。 山で熊に**遭遇**(ぐう)する。 バイクで事故に**遭う**。
P47 硬	コウ かたい	石 いしへん 12画	意見を**強硬**に主張する。 コンクリートが**硬化**する。 **硬い**文体の小説を読む。

新出音訓（□は新しく習う読み方）

漢字	読み方	用例
P42 羽	[ウ]・は・はね	チョウの**羽化**を観察する。
P44 卵	[ラン]・たまご	小鳥が**産卵**する。

覚えておこう

零

▼数字の「ゼロ」を表す。
・零下…温度がセ氏零度以下を表す。[類]氷点下
・零時…午前・午後それぞれ十二時のこと。
形の似た「雰(ふん)」（教科書163ページ）と書き誤らないようにする。

使い分けに注意

遭　硬

▼同訓の「遭う」「会う」「合う」は、意味も似ているので、意識して正しく使い分ける。「遭う」は思わぬことに偶然出くわすとき、「会う」は人と人とが顔をあわせるとき、「合う」は二つ以上のものが一致(いっち)するときに使う。
▼「硬い」「堅い」「固い」の使い分けは難しいので、文例を一緒(いっしょ)に覚える。
・硬…[例]硬い石・表情が硬い
・堅…[例]堅い木材・合格は堅い
・固…[例]団結が固い・固い友情

重要な語句

◆は教科書中にある「注意する語句」

42ページ

2 **隣接** となり合っていること。

5 **重厚** （外見や性質などが）落ち着いていて厚みがある様子。[対]軽薄 [文]重厚な構造の建物だ。

5 **羽化** 昆虫(こんちゅう)がさなぎから成虫に変化すること。

11 **顕著** はっきりと目立つ様子。[文]顕著な違いが出る。

43ページ

4 **圧倒的** 他と比べて段違いな様子。[文]体育祭では赤組が圧倒的な強さで勝利した。

7 **依然として** 元のとおりで、前と変わらない様子。[文]依然として、この問題は解決されない。

9 **生息** 生存すること。

13 **都市化** 都市の生活様式や習慣が農村などに広がること。

15 **舗装** 道路の表面をコンクリートやアスファルトなどで固めること。

20 **有利** 他よりも条件がよく、利益があること。 対不利

20 **検証** 実際に物事を調べて、事実を証明すること。
文仮説が正しいか実験で検証する。

44ページ

2 **影響** 一方の働きが、もう一方に反応や変化を起こすこと。

◆14 **さらす** 外気や風雨、日光が当たるままにしておくこと。
文太陽に肌をさらして日焼けさせる。

◆14 **推定** はっきりとはわからないことをいろいろな根拠をもとに、見当をつけて定めること。
文環境汚染の原因を推定する。

15 **未熟** 成長しきっておらず、一人前でないこと。

◆20 **左右する** ある物事に大きな影響を及ぼすこと。
文植物の成長は環境に左右されやすい。

45ページ

1 **仮説** ある現象や法則を説明するために仮に立てる説。

1 **緩和** ある状態の激しさや厳しさの程度が和らぐこと。
文薬を飲むと痛みが緩和される。

10 **耐性** 環境の変化に耐えうる生物の性質や能力。

10 **史上** 歴史に記録されている範囲の中で。
文史上最大の生物はシロナガスクジラとされている。

46ページ

12 **氷点下** 氷点（氷のできる温度、セ氏零度）以下の温度。

11 **前述** 前に述べたこと。「前述のとおり」「前述のように」などと使う。 対後述

13 **感知** 直感的に気づくこと。

◆13 **必須** 必ずいること。欠かせないこと。
文英語は、入学試験で必須の科目だ。

47ページ

◆4 **……に対し** （ここでは）前に述べたものと比べて。
文父が厳格なのに対し、母は優しい。

15 **硬化** 物質が硬く変化すること。 対軟化

49ページ

3 **背景** （ここでは）ある物事の背後にある事情。
文地球温暖化の背景を調べる。

◆14 **うのみにする** 鵜が捕まえた魚を丸ごと飲み込むことから転じて、よく考えもせずに人から言われたことなどを信じ込むこと。
文うわさ話をうのみにして、友達とけんかをした。

具体と抽象

教科書 52▼53ページ

新出漢字

漢字	読み方	部首	画数	筆順	用例
P52 抽	チュウ	扌 てへん	8画	扌扣扣抽抽抽	ゴマから油を**抽出**する。 人の表情を**抽象化**した絵。 役員を**抽選**で決める。
P52 療	リョウ	疒 やまいだれ	17画	广疒疒疒瘖療	しばらく自宅で**療養**する。 **医療費**を支払う。 医師が骨折を**治療**する。

漢字	読み方	部首	画数	筆順	用例
P53 壁	ヘキ かべ	土 つち	16画	尸 吊 启 辟 辟 壁	古代の**壁画**を修復する。 **壁**に絵を飾る。 部屋の**壁紙**を張り替える。
P53 玄	ゲン	玄 げん	5画	丶 亠 𠫓 玄 玄	**玄関**の掃き掃除をする。 **玄米**を食べる。 **玄武岩**の組成をもつマグマ。
P53 肩	（ケン） かた	月 にくづき	8画	一 ⼾ 戸 戸 肩 肩	勝負は主将の**双肩**（そうけん）にかかる。 幼い妹を**肩車**する。 **肩**の荷が下りる。

漢字に親しもう2

教科書58ページ

新出漢字

漢字	読み方	部首	画数	筆順	用例
P58 憾	カン	忄 りっしんべん	16画	忄 忄 恄 憾 憾 憾	才能を**遺憾**なく発揮する。
P58 慈	ジ （いつく**しむ**）	心 こころ	13画	丷 䒑 玆 玆 慈 慈	**慈愛**に満ちた笑顔。 **慈悲**深い心の持ち主。 我が子を**慈**（いつく）**しむ**。
P58 裕	ユウ	衤 ころもへん	12画	衤 衤 衤 衤 衿 裕	時間に**余裕**がある。 **裕福**な家庭に生まれる。 **富裕層**が拡大する。

漢字	読み方	部首	画数	筆順	用例
P58 朴	ボク	木 きへん	6画	一 十 才 木 朴 朴	**素朴**な味わいの家庭料理。 **純朴**な性格の少女。
P58 寛	カン	宀 うかんむり	13画	宀 宀 宀 宵 寛 寛	**寛容**な態度を見せる。 **寛大**な気持ちで接する。
P58 煩	ハン （ボン） わずら**う** わずら**わす**	火 ひへん	13画	火 火 火 炳 煩 煩	**煩雑**な手続きを終える。 **煩悩**（ぼんのう）にさいなまれる。 一人で**思い煩う**。 母の手を**煩わす**。
P58 〈惧〉惧	グ	忄 りっしんべん	11画	忄 忄 怛 怛 惧 惧	将来を**危惧**する。
P58 妨	ボウ さまた**げる**	女 おんなへん	7画	く 女 女 女 妨 妨	相手の進路を**妨害**する。 ビルが眺望を**妨げる**。
P58 飽	ホウ あ**きる** あ**かす**	食 しょくへん	13画	今 食 食 飠 飽 飽	都市の人口は**飽和**状態だ。 勉強に**飽きる**。 暇に**飽かし**て本を読む。
P58 茂	モ し**げる**	艹 くさかんむり	8画	艹 艹 芦 芪 茂 茂	夏季は草木が**繁茂**する。 水辺に水草が**茂る**。 **茂み**で虫に刺される。
P58 控	（コウ） ひか**える**	扌 てへん	11画	扌 扌 扩 扩 控 控	必要経費は**控除**（こうじょ）される。 **控え室**で結婚式を待つ。 入学試験を明日に**控える**。

漢字	読み方	部首	画数	筆順	用例
P58 娯	ゴ	女 おんなへん	10画	女 如 如 娯 娯 娯	家族で**娯**楽施設に行く。大衆の**娯楽**が多様化する。
P58 遜	ソン	辶 しんにょう しんにゅう	13画	孑 孫 孫 遜 遜	見本と**遜色**のない仕上がり。彼は自分の実績を謙(けん)**遜**した。**不遜**な態度をとる。
P58 勧	カン すす**める**	力 ちから	13画	午 年 奔 雈 勧	新入生を部活動に**勧**誘する。**勧業博覧会**に行く。野球部への入部を**勧める**。
P58 姻	イン	女 おんなへん	9画	く 女 如 如 姻 姻	**婚姻**の制度を研究する。結婚で**姻族**が増える。

新出音訓（□は新しく習う読み方）

漢字	読み方	用例
P58 強	キョウ・[ゴウ] つよい・つよまる・つよめる・[しいる]	**強情**に口をつぐむ。相手チームに苦戦を**強いる**。
P58 女	ジョ・[ニョ]・（ニョウ） おんな・[め]	天女のように美しい人。**自由の女神**の像。

送り仮名に注意

煩 ▼訓読みは「わずら(う)」「わずら(わす)」。誤って「ら」を送り、「煩らう」や「煩らわす」としないようにする。

重要な語句

58ページ

上3 **遺憾なく** 十分に。完全に。申し分なく。
文 学んだことを遺憾なく発揮する。
関「遺憾」だと「思いどおりにいかずに残念に思うこと」という意味になる。
文 思わぬ事態に、遺憾の意を表す。

上4 **慈愛** いつくしみかわいがる気持ち。

上6 **素朴** 考え方などが単純で、あまり発達していない様子。

上7 **寛大** 心が広く思いやりのある様子。
文 父は寛大だから、許してくれるだろう。

上8 **煩雑** 物事が非常に込み入っていて煩わしいこと。
文 入会には煩雑な手続きが必要だ。

上9 **危惧** 悪い結果になるのではないかと恐れ、心配すること。
文 日本固有種の絶滅を危惧する。

下4 **遜色** 他と比べて劣っていること。

メディアを比べよう
メディアの特徴を生かして情報を集めよう
「自分で考える時間」をもとう

教科書 60▼66 ページ

新出漢字

漢字	読み方	部首	画数	筆順	用例
P60 宛	あてる	宀 うかんむり	8画	宀 宀 宄 宛 宛 宛	**宛名**を明記する。**宛先**不明で封書が戻る。祖母に**宛て**て荷物を送る。

ページ	漢字	読み	部首	画数	例文
P62	躍	ヤク／おどる	足 あしへん	21画	世界で**活躍**する芸術家。能力が**飛躍的**に向上する。突然の贈り物に胸が**躍る**。
P62	催	サイ／もよおす	亻 にんべん	13画	球技大会を**開催**する。三年生**主催**のパーティー。クラスでの**催し物**を考える。
P62	漫	マン	氵 さんずい	14画	注意力が**散漫**だ。お気に入りの**漫画**を読む。**漫然**と暮らす日々。
P63	避	ヒ／さける	辶 しんにょう しんにゅう	16画	最悪の事態を**回避**する。近所の**避難所**を確認する。混雑を**避け**、裏道を通る。
P63	掲	ケイ／かかげる	扌 てへん	11画	学級新聞を**掲示**する。**前掲**した図で説明する。目標を大きく**掲げる**。
P63	載	サイ／のせる／のる	車 くるま	13画	特集記事を**掲載**する。トラックに荷物を**載せる**。新聞に写真が**載る**。
P63	津	（シン）／つ	氵 さんずい	9画	転校生に**興味津々**（しんしん）だ。**津波**の対策を行う。うわさが**津々浦々**（うらうら）に広がる。
P63	被	ヒ／こうむる	衤 ころもへん	10画	騒音の**被害**について調べる。カメラマンが**被写体**を探す。不況の多大な影響を**被る**。
P64	籍	セキ	⺮ たけかんむり	20画	有名チームに**移籍**する。アメリカ**国籍**をもつ。**書籍**を購入する。

使い分けに注意

躍 **漫**

▼「躍る」「踊る」は、前後の文脈に応じて使い分ける。
・躍る…勢いよくはね上がったり飛び上がったりする。
例 トップに躍り出る。胸が躍る。
・踊る…音楽に合わせて体を動かす。
例 円を描いて踊る。

▼「漫」は気の向くまま・締（し）まりなく広がるなどの意味があるが、「緩慢・慢性」のようにだらだら長びくという意味では「慢」を使う。この二つは音も同じで形も似ているので、使い分けに注意したい。

漫…例 漫談・散漫　　慢…例 我慢・自慢・慢心

重要な語句

64ページ

下6 重点的 最も重要なところに力を集中する様子。

下8 項目 ある基準で物事を分けたときの一つ一つの事柄。

下16 肩入れ ひいきしたり支援したりすること。
文 地元のサッカーチームに肩入れする。

65ページ

上2 事実無根 事実だといえる根拠がまったくない様子。
文 それは、事実無根のうわさだ。

上3 混乱 物事が複雑に入り乱れて訳がわからなくなること。

上10 冷静 感情に左右されることなく落ち着いている様子。
対 興奮

下3 目を通す ひと通り見る。ざっと読む。

基本ドリル 1

② 多様な視点から／情報社会を生きる

解答 107ページ

学習日 ／ ／

1 次の漢字の読み方を書きなさい。

クマゼミ増加の原因を探る

□① アゲハチョウが羽化する。
□② 海で魚を捕る。
□③ 内野手がフライを捕球する。
□④ カブトムシを捕まえる。
□⑤ 研究で顕著な成果をあげる。
□⑥ 抜け殻のようになる。
□⑦ 地殻のしくみを学ぶ。
□⑧ 道路が舗装される。
□⑨ 大地が乾燥する。
□⑩ 枯れ枝が折れる。
□⑪ 神社の大木が枯死する。
□⑫ ウミガメが産卵する。
□⑬ 植物が冬に休眠する。
□⑭ 夜ふかしをしたので眠い。
□⑮ 地下に潜る。
□⑯ 秘密の基地に潜入する。
□⑰ 岩陰に潜むニジマス。
□⑱ 相手の攻撃に耐える。
□⑲ この容器は耐熱性が高い。
□⑳ 交通規制を緩和する。
□㉑ 今週は寒さが緩んでいる。
□㉒ 今日の気温は零度だ。
□㉓ ご飯を軟らかく炊く。
□㉔ 毎日柔軟体操をする。
□㉕ アザラシが獲物を狙う。
□㉖ 狙撃犯が指名手配される。
□㉗ 必須の持ち物を伝える。
□㉘ 夕立に遭ってぬれた。
□㉙ 遭難した人を救助する。
□㉚ 父の態度が硬化する。
□㉛ 硬い表情を見せる。

具体と抽象

□㉜ 抽象的な絵画。
□㉝ 医療費を負担する。
□㉞ 壁に大きな絵を描く。
□㉟ 古代に描かれた壁画。
□㊱ 正面玄関から入る。
□㊲ 試験に合格し、肩の荷が下りる。

①　②　③　④　⑤　⑥　⑦　⑧　⑨　⑩　⑪　⑫　⑬　⑭　⑮　⑯　⑰　⑱　⑲　⑳　㉑　㉒　㉓　㉔　㉕　㉖　㉗　㉘　㉙　㉚　㉛　㉜　㉝　㉞　㉟　㊱　㊲

2 次の□に共通して当てはまる漢字を書きなさい。

具体と抽象

□① □養・医□・治□　（　）
□② □出・□選・□象　（　）

3 次の語句を使って短文を作りなさい。
クマゼミ増加の原因を探る

□① 推定
（　　　　）

□② ……に対し
（　　　　）

□③ うのみにする
（　　　　）

4 次の――線の語句の意味を後から選び、記号で答えなさい。
クマゼミ増加の原因を探る

□① 勉強の成果が顕著に現れる。（　）
□② 強風にさらされて、犬小屋が壊れる。（　）
□③ 運命を左右する出来事が起こる。（　）
□④ 夏の暑さが緩和される。（　）
□⑤ 植物の発芽には水が必須だ。（　）

ア ある物事に大きな影響を及ぼすこと。
イ かならずいること。欠かせないこと。
ウ ある状態の激しさや厳しさの程度がやわらぐこと。
エ はっきりと目立つ様子。
オ 外気や風雨、日光が当たるままにしておくこと。

5 次の語句の対義語を漢字で書きなさい。
クマゼミ増加の原因を探る

□① 軽薄 ↕（　　　　）
□② 硬化 ↕（　　　　）
□③ 後述 ↕（　　　　）
□④ 不利 ↕（　　　　）

6 次の――線と同じ漢字が使われた熟語を後から選び、記号で答えなさい。
クマゼミ増加の原因を探る

□① 山でイノシシをツカまえる。（　）
ア 捕手　イ 補足　ウ 店舗
□② 育てていた朝顔がカれる。（　）
ア 古代　イ 故郷　ウ 栄枯
□③ 海の中に深くモグる。（　）
ア 潜水　イ 交替　ウ 沈下
□④ 厳しい特訓にタえる。（　）
ア 絶滅　イ 耐久　ウ 退化
□⑤ ヤワらかく煮た大根を食べる。（　）
ア 軟体　イ 平和　ウ 緩急
□⑥ 帰り道ににわか雨にアった。（　）
ア 会話　イ 遭難　ウ 合同
□⑦ 緊張で表情がカタい。（　）
ア 固体　イ 堅実　ウ 強硬
□⑧ 卵のカラをむく。（　）
ア 貝殻　イ 空想　ウ 穀物

確認ドリル 1

2 多様な視点から／情報社会を生きる

解答 107ページ

学習日 ／ ／

1 次の片仮名を漢字で書きなさい。

クマゼミ増加の原因を探る

□① ジュウナン性を高める運動。
□② 熊がトウミンする。
□③ 国語はヒッス科目だ。
□④ ホソウされた道路を歩く。
□⑤ カタいガラスが割れた。
□⑥ 海にセンスイする。
□⑦ 盗難にアう。
□⑧ イノシシをホカクする。
□⑨ 庭の老木がコシする。
□⑩ 幼虫が土にモグる。
□⑪ ソゲキの訓練を受けた兵士。
□⑫ 文章にヒソむ真意をつかむ。
□⑬ 空気がカンソウする。
□⑭ ユルやかな坂を上る。
□⑮ 山でソウナンしかける。
□⑯ 海岸でカイガラを拾う。
□⑰ 疲れたので早くネムる。
□⑱ 的にネラいを定める。
□⑲ タカが獲物をトらえる。
□⑳ カニはコウカク類だ。
□㉑ 気温がレイド以下になる。
□㉒ セミは夏にウカする。
□㉓ ケンビキョウで観察する。
□㉔ タイネツ皿を用意する。
□㉕ 大豆をヤワらかくゆでる。
□㉖ 大木が風雪にタえる。
□㉗ 接着剤(ざい)がコウカする。
□㉘ 速さにカンキュウをつける。
□㉙ プランターの花がカれる。
□㉚ ランパクを使ったお菓子。
□㉛ 鹿をツカまえる。

具体と抽象

□㉜ ヘキガの写真を見る。
□㉝ 最新イリョウを望む。
□㉞ カベの汚れを取る。
□㉟ 毎日ゲンマイを食べる。
□㊱ 妹はカタグルマが好きだ。
□㊲ チュウセンで文具が当たる。

2 次の（　）に当てはまる語句を下から選び、書き入れなさい。

クマゼミ増加の原因を探る

□① 熊がほら穴の中で冬を（　　　）。（越す・超す）
□② 実験の（　　　）を立てる。（仮設・仮説）

3 次の□に共通して当てはまる漢字を書きなさい。

クマゼミ増加の原因を探る

□① 店□・本□・□道（　　）

□② □下・□細・□落（　　）

4 次の（　）に当てはまる語句を後から選び、書き入れなさい。

クマゼミ増加の原因を探る

□① 珍しい虫なので、（　　）見つからない。

□②（　　）こんなに君が怒るのかわからない。

□③ サラダを作るために、（　　）野菜を洗おう。

□④ 日差しが強い。（　　）、風も強くなってきた。

具体と抽象

□⑤ 夏の季語は、（　　）、花火や風鈴だ。

□⑥ 彼は、私の母の弟、（　　）、私の叔父だ。

例えば　まずは　なぜ　さらに　めったに　つまり

5 次の意味の語句を後から選び、漢字で書きなさい。

クマゼミ増加の原因を探る

□① はっきりと目立つ様子。（　　）

□② 他よりも条件がよく、りえきがあること。（　　）

□③ 成長しきっておらず、一人前でないこと。（　　）

□④ 実際に物事を調べて、事実を明らかにすること。（　　）

□⑤ 他と比べて段違いな様子。（　　）

あっとうてき　みじゅく　けんちょ
けんしょう　ゆうり

6 次の□に、縦・横ともに一つの熟語となるよう、漢字を入れなさい。

具体と抽象

□① 岸↓ 絶→□→面 ↓紙

□② 路↓ 強→□→身 ↓幅

基本ドリル 2

2 多様な視点から／情報社会を生きる

解答 107ページ

学習日 ／ ／

1 次の漢字の読み方を書きなさい。

漢字に親しもう2

① 遺憾なく力を発揮する。
② 祖母は慈愛に満ちている。
③ 会場は席に余裕がある。
④ 素朴な味のクッキー。
⑤ 寛大な態度で接する。
⑥ 煩雑な操作が必要だ。
⑦ 進路について思い煩う。
⑧ 絶滅が危惧される魚。
⑨ 通信を妨げられる。
⑩ 工事が車の進路を妨害する。
⑪ ゲームをしすぎて飽きる。
⑫ 市場が飽和状態にある。
⑬ 葉が青々と茂る。
⑭ 草原に夏草が繁茂する。
⑮ 決勝戦を明日に控える。
⑯ 娯楽映画を上演する。
⑰ プロと比べて遜色ない作品。
⑱ テニスサークルに勧誘する。
⑲ お客様に食事を勧める。
⑳ 婚姻届(とどけ)を受理する。
㉑ 強情なところは父譲りだ。
㉒ 無理を強いるのはよくない。

① ② ③ ④ ⑤ ⑥ ⑦ ⑧ ⑨ ⑩ ⑪ ⑫ ⑬ ⑭ ⑮ ⑯ ⑰ ⑱ ⑲ ⑳ ㉑ ㉒

㉓ 勝利の女神に祈る。
㉔ 天女の伝説のある土地。

メディアを比べよう

㉕ 祖父宛てに手紙を書く。

メディアの特徴を生かして情報を集めよう

㉖ 全国大会で活躍する。
㉗ うれしくて躍り上がる。
㉘ 運動会が開催される。
㉙ 催し物の会場に行く。
㉚ 好きな漫画を読みふける。
㉛ 避難所の場所を確認する。
㉜ 水たまりを避けて通る。
㉝ 事件の記事が掲載される。
㉞ 旗を高く掲げる。
㉟ 名簿に名前を載せる。
㊱ 津波の記録のある地域。
㊲ 騒音の被害を受ける。
㊳ 大きな損害を被る。

「自分で考える時間」をもとう

㊴ 書籍の売り場は三階だ。

㉓ ㉔ ㉕ ㉖ ㉗ ㉘ ㉙ ㉚ ㉛ ㉜ ㉝ ㉞ ㉟ ㊱ ㊲ ㊳ ㊴

2 次の――線の読み方が異なるものを選び、記号で答えなさい。

漢字に親しもう2

□① ア 強引 イ 強硬 ウ 強弱 （　）

□② ア 女子 イ 天女 ウ 少女 （　）

3 次の――線の語句の意味を後から選び、記号で答えなさい。

漢字に親しもう2

□① このような事故が起こったことを遺憾に思う。 （　）

□② 彼は優勝者に遜色ない実力がある。 （　）

□③ 父は寛大な態度で弟に接する。 （　）

□④ 操作が煩雑で覚えられない。 （　）

□⑤ 絶滅が危惧される動物。 （　）

「自分で考える時間」をもとう

□⑥ 国語の漢字を重点的に勉強する。 （　）

□⑦ 地元の野球チームに肩入れして応援する。 （　）

□⑧ 事実無根のうわさを否定する。 （　）

ア 最も重要なところに力を集中する様子。
イ じじつだといえるこんきょがまったくない様子。
ウ 思いどおりにいかずに残念に思うこと。
エ 心が広く思いやりのある様子。
オ ひいきしたり支援したりすること。
カ 他と比べて劣っていること。
キ 悪い結果になるのではないかと恐れ、心配すること。
ク 物事が非常にこみいっていてわずらわしいこと。

4 次の語句の対義語を下から漢字を選び、作りなさい。

漢字に親しもう2

□① 原因↔（　）

「自分で考える時間」をもとう

□② 興奮↔（　）

果 冷 静 結

5 次の――線と同じ漢字が使われた熟語を後から選び、記号で答えなさい。

漢字に親しもう2

□① 友達の発言をゴカイする。 （　）
ア 誤読 イ 娯楽 ウ 語句

□② 和解するようにカンコクする。 （　）
ア 歓迎 イ 勧業 ウ 観察

□③ 兄の結婚により、インゾクができる。 （　）
ア 要因 イ 病院 ウ 姻戚

□④ ジゼン事業を行う。 （　）
ア 自己 イ 慈悲 ウ 事件

□⑤ 出発まで時間にヨユウがある。 （　）
ア 理由 イ 雄大 ウ 裕福

「自分で考える時間」をもとう

□⑥ 課題をコウモクに分けて整理する。 （　）
ア 条項 イ 構成 ウ 変更

□⑦ 一度に話しかけられてコンランする。 （　）
ア 欄外 イ 乱雑 ウ 展覧

確認ドリル 2

2 多様な視点から／情報社会を生きる

解答 108ページ

学習日 ／ ／

1 次の片仮名を漢字で書きなさい。

漢字に親しもう2

① 安眠をサマタげられる。
② フソンな態度を改める。
③ ジヒの心をもつ。
④ 木が生いシゲる庭。
⑤ ゴウジョウな性格。
⑥ ユウフクな家庭で育つ。
⑦ 同じ料理にアきる。
⑧ テンニョの羽衣の話を読む。
⑨ ヒカえ室で着替えをする。
⑩ カンダイな処分を下す。
⑪ 結婚してインゾクとなる。
⑫ 外来種の増加をキグする。
⑬ 休日にゴラク施設に行く。
⑭ 池に緑色の藻（も）がハンモする。
⑮ 我慢をシいる。
⑯ ギリシャ神話のメガミ。
⑰ 通行をボウガイされる。
⑱ 引退をカンコクする。
⑲ ジュンボクな青年。
⑳ 水溶液がホウワ状態になる。
㉑ ハンザツな作業を伴う仕事。
㉒ イカンなく実力を発揮する。
㉓ 先生の手をワズラわす。
㉔ 留学するようススめる。

メディアを比べよう

㉕ 封筒にアテナを書く。

メディアの特徴を生かして情報を集めよう

㉖ 美術展がモヨオされる。
㉗ 一年の目標をカカげる。
㉘ ツナミの発生原因を学ぶ。
㉙ ケイジ板で情報を得る。
㉚ 試合でカツヤクする。
㉛ 裏切者の汚名をコウムる。
㉜ 花が病害虫のヒガイに遭う。
㉝ 新聞社シュサイの写真展。
㉞ 車に荷物をノせる。
㉟ トラブルをカイヒする。
㊱ 週末は心がオドる。
㊲ 好きなマンガを買う。
㊳ 新聞のレンサイ小説。
㊴ 直射日光をサける。

「自分で考える時間」をもとう

㊵ ショセキ売り場に勤める。

2 次の（　）に合う語句を後から選び、漢字と平仮名で書きなさい。

漢字に親しもう2

□① 健康のため、暴飲暴食を（　　　）。

□② バレリーナがステージで美しく（　　　）。

□③ 工事の騒音が読書を（　　　）。

メディアを比べよう

□④ この資料は確かな調査に（　　　）。

「自分で考える時間」をもとう

□⑤ 地域によって習慣が（　　　）。

□⑥ テレビ番組で、経済ニュースを大きく（　　　）。

□⑦ 不確かな情報が社会の混乱を（　　　）。

もとづく　まう　ひかえる　さまたげる
ことなる　あつかう　まねく

3 次の□に漢字を入れて、四字熟語を作りなさい。

「自分で考える時間」をもとう

□ そのうわさは事実□□だ。

4 次の部首と下の漢字を組み合わせて、漢字を二つずつ作りなさい。

漢字に親しもう2

□① 女（　　）（　　）

□② 辶（　　）（　　）

因　孫
貴　呉

5 次の（　）に当てはまる漢字を後から選び、記号で答えなさい。

メディアの特徴を生かして情報を集めよう

□① (1) 技術が飛（　）的に発展する。
(2) 英語の文章を直（　）する。
【ア 躍　イ 約　ウ 訳】

□② (1) 巻末に参考図書を記（　）する。
(2) 文化祭を開（　）する。
【ア 載　イ 催　ウ 裁】

6 下の意味の語句になるように、□に体の一部を表す漢字一字を入れなさい。

「自分で考える時間」をもとう

□① □入れする　〈ひいきしたり支援したりすること。〉

□② □を通す　〈ひと通り見る。ざっと読む。〉

3 言葉と向き合う／読書生活を豊かに

教科書 68▼90 ページ

学習日 ／ ／

短歌に親しむ

教科書 68▼71 ページ

新出漢字

漢字	読み方	部首	画数	筆順	用例
P68 託	タク	言 ごんべん	10画	亠 言 訁 訐 託	商品の販売を**委託**する。土地の**信託**証書を発行する。友人に伝言を**託す**。
P68 鑑	カン（かんがみる）	金 かねへん	23画	金 釒 鉅 鑑 鑑	**印鑑**を持っていく。絵画を**鑑賞**する。以前の失敗に**鑑**（かんが）**み**て決める。
P68 寧	ネイ	宀 うかんむり	14画	宀 宓 寍 寍 寧	**安寧**な社会を築く。**丁寧**な言葉で話す。仕事に忙しく**寧日**がない。
P69 鮮	セン あざ**やか**	魚 うおへん	17画	魚 魚 鮮 鮮 鮮	魚を冷凍（れいとう）して**鮮度**を保つ。**新鮮**な野菜が市場に並ぶ。**鮮やか**な色彩（しきさい）の絵を買う。
P69 爽	ソウ さわ**やか**	爻 こう	11画	一 ア 爽 爽 爽	早起きして**爽快**な気分になる。高原に**爽やか**な風が吹く。
P70 竜	リュウ たつ	竜 りゅう	10画	亠 立 产 音 音 竜	**恐竜**が生きた時代。作戦が**竜頭蛇尾**に終わる。**竜巻**が発生する。
P70 仙	セン	亻 にんべん	5画	ノ 亻 仆 仙 仙	水**仙**の花が美しく咲く。**仙人**のような生活を送る。六歌**仙**の名前を挙げる。
P70 悠	ユウ	心 こころ	11画	亻 化 攸 悠 悠	慌てず**悠然**と構える。**悠久**の大自然が広がる。**悠長**にしてはいられない。
P70 滴	テキ しずく（したたる）	氵 さんずい	14画	氵 汁 汴 滴 滴	頭に一**滴**の雨があたる。傘（かさ）の先から**滴**が落ちる。髪から汗が**滴**（したた）る。

新出音訓

（□は新しく習う読み方）

漢字	読み方	用例
P68 丁	チョウ・[テイ]	食器を**丁**寧に扱う。
P69・70 優	ユウ [やさしい]・[すぐれる]	祖母の**優しさ**に励（はげ）まされる。国語の成績が**優れる**。
P69 牧	ボク [まき]	**牧**に馬を連れて行く。
P70 我	ガ われ・[わ]	**我**が物顔で雑草が伸びる。

読みに注意

優

▼送り仮名によって違う訓読みをするので注意する。
・優しい…やさ（しい）　・優れる…すぐ（れる）

使い分けに注意

鑑

▼「鑑賞」と「観賞」の使い分けに注意。「鑑賞」は芸術作品などの良さを理解したうえで、深く味わうこと。「絵画を鑑賞する」「音楽を鑑賞する」のように用いる。それに対して、「観賞」は美しい自然や動植物などを見て楽しむことで、「名月を観賞する」「蛍を観賞する」などと使う。

重要な語句 ◆は教科書中にある「注意する語句」

68ページ

◆5 託す　（ここでは）気持ちなどを直接言わず、他の物事にことよせて表現すること。

8 情感　心に訴えてくるようなしみじみとした感じ。

11 巧み　（ここでは）芸術の表現における技術上の工夫がすぐれている様子。

◆11 みずみずしい　つやがあって若々しく新鮮(しんせん)な様子。

69ページ

◆6 臨場感　実際にその場にいるような感じ。
文 臨場感あふれる映像を見て感動する。

◆9 賛歌　ほめたたえる気持ちを表した歌。

12 危篤　病気が重く、命の危険が迫っていること。

70ページ

◆3 我が物顔　自分のものではないのに、自分のものであるかのような顔つきや態度をとること。

4 悠然　心がゆったりとして落ち着いている様子。

9 壮(そう)大(だい)　大きくて立派な様子。

言葉の力

教科書 74▼77 ページ

新出漢字

漢字	読み方	部首	画数	筆順	用例
P74 彙〈彙〉	イ	ヨ けいがしら	13画	㇇ ヨ 彑 昌 畳 彙	彼女は**語彙**が豊富だ。
P74 淡	タン あわい	氵 さんずい	11画	氵 氵 氵′ 氵火 淡 淡	家で**淡水**魚を飼う。 濃**淡**がすばらしい水墨画。 **淡い**ピンクの花びら。
P74 華	カ （ケ） はな	艹 くさかんむり	10画	艹 芏 芒 苹 莑 華	**華**道の教室に通う。 美しい模様を映す万**華**鏡(まんげきょう)。 **華**やかなパーティーを開く。
P75 煮	（シャ） にる にえる にやす	灬 れんが れっか	12画	土 耂 耂 者 者 煮	食器を**煮**沸(しゃふつ)消毒する。 ソースを**煮**詰める。 芋(いも)が**煮え**るのを待つ。 相手の態度に業(ごう)を**煮やす**。
P75 髄	ズイ	骨 ほねへん	19画	冂 冎 骨 骨ナ 骨冇 髄	技の精**髄**を極める。 骨**髄**について学ぶ。 物語の真**髄**を突き詰める。

新出音訓

（□は新しく習う読み方）

漢字	読み方	用例
P74 秘	ヒ [ひめる]	真意を胸に**秘める**。

漢字	読み方	用例
P75 裏	うら 〔リ〕	友の顔が**脳裏**に浮かぶ。

重要な語句

◆は教科書中にある「注意する語句」

74ページ

◆5 **いやおうなしに** 有無を言わせない様子。
文 母に、いやおうなしに病院に連れて行かれた。

◆11 **秘める** （ここでは）外に出さずに、内にもっている。
文 選手は、勝つ意欲を内に秘めた表情をしている。

75ページ

6 **上気** （ここでは）のぼせて、顔を赤くすること。

◆6 **えもいわれぬ** 言葉では言い表せない。
文 店先から、えもいわれぬよい香りが漂（ただよ）ってきた。

10 **脳裏** 心の中。頭の中。

14 **精髄** 物事の本質となる最も大切な部分。

言葉1 類義語・対義語・多義語

教科書 78▼79ページ

新出漢字

漢字	読み方	部首	画数	筆順	用例
P78 裂	レツ さく さける	衣 ころも	12画	歹 列 烈 裂 裂 裂	話し合いで意見が**決裂**する。 布を勢いよく**裂く**。 ズボンの尻（しり）が**裂ける**。
P78 傘	（サン） かさ	人 ひとやね	12画	𠆢 仌 仐 仒 傘 傘	**落下傘**（らっかさん）を着けて降下する。 **日傘**を差し、日光を遮る。 父に**傘**を届ける。
P79 鈴	レイ リン すず	金 かねへん	13画	𠆢 金 金 鈴 鈴 鈴	三時間目の**予鈴**が鳴る。 そよ風に**風鈴**が揺れる。 夜に**鈴虫**が鳴きだす。
P79 豚	トン ぶた	豕 ぶた いのこ	11画	月 肝 肝 肟 豚 豚	汚れた**豚舎**を掃除する。 祖父は**養豚場**を営む。 **豚肉**の料理を食べる。
P79 購	コウ	貝 かいへん	17画	貝 貝 貝 賭 購 購	雑誌を**定期購読**する。 家の**購入**を検討する。 **購買意欲**を高める。
P79 廉	レン	广 まだれ	13画	广 庐 庐 廉 廉 廉	目玉商品を**廉価**で販売する。 **清廉**な人柄の政治家。 処分品を**廉売**する。
P79 摯	シ	手 て	15画	圭 幸 執 執 摯 摯	**真摯**に仕事に取り組む。 **真摯**な対応に感謝する。
P79 践	セン	足 あしへん	13画	口 𧾷 𧾷 践 践 践	**実践**に役立つ知識。 先生の教えを**実践**する。
P79 慎	シン つつしむ	忄 りっしんべん	13画	忄 忄 忄 恒 慎 慎	**慎重**に事を進める。 一週間の**謹慎**（きん）**処分**。 図書館では私語を**慎む**。

新出音訓（□は新しく習う読み方）

漢字	読み方	用例
率 P79	ソツ・リツ ひきいる	軽率な行動を反省する。

部首に注意

豚

▼部首は、「豕（ぶた／いのこ）」。「月（つきへん）」や「月（にくづき）」ではないので注意する。

重要な語句

78ページ

下6 **語感** その言葉から受ける印象。

下16 **対**（つい） 二つがそろって組になるもの。

79ページ

上2 **対比** （ここでは）二つのものを比べ合わせて、その違いや特性をはっきりさせること。

上10 **文脈** 文章の流れにおける意味や内容のつながり具合。

言葉を比べよう

教科書80▼81ページ

新出漢字

漢字	読み方	部首	画数	筆順	用例
概 P80	ガイ	木 きへん	14画	木 根 根 根 概 概	既存の**概**念をくつがえす。 計画の**概**略を話す。 気**概**のある人。
菊 P80	キク	艹 くさかんむり	11画	艹 芍 芍 菊 菊	美しい**菊**人形。 野**菊**を摘む。 **菊**の花を墓前に供える。
鍋 P80	なべ	金 かねへん	17画	金 釦 釦 釦 鍋 鍋	夕食は**鍋**料理にする。 **鍋**の底が黒く焦げつく。 **鍋**釜（かま）や食器類をそろえる。
鉛 P80	エン なまり	金 かねへん	13画	人 今 午 金 鉛 鉛	ナイフで**鉛**筆を削る。 黒**鉛**は電気をよく通す。 雨が降りそうな**鉛**色の空。
需 P81	ジュ	雨 あめかんむり	14画	一 雨 雨 雫 需 需	生活必**需**品を買いに行く。 夏は電気の**需**要が増える。 商品の**需**給を見きわめる。

書き誤りに注意

需

▼「零下・零細」などの「零」と書き誤らないように注意する。「需」には求める、要求するという意味があり、「需要・需給・内需」などの熟語がある。

翻訳作品を読み比べよう

教科書84▼85ページ

新出漢字

漢字	読み方	部首	画数	筆順	用例
翻 P84	ホン （ひるがえる） （ひるがえす）	羽 はね	18画	丷 釆 番 翻 翻 翻	古文を現代語に**翻**訳する。 強風で旗が**翻**（ひるがえ）る。 民衆が反旗を**翻**（ひるがえ）す。

基本ドリル 1

3 言葉と向き合う／読書生活を豊かに

解答 108ページ

学習日 ／ ／

1 次の漢字の読み方を書きなさい。

短歌に親しむ

□①子供に夢を託す。
□②美術作品を鑑賞する。
□③丁寧に魚の骨を取り除く。
□④友達の優しさを感じる。
□⑤読解力に優れる。
□⑥牧場や畑が広がる風景。
□⑦鮮やかな色の洋服を好む。
□⑧新鮮な野菜を調理する。
□⑨爽やかな朝の空気。
□⑩爽快な汗をかく。
□⑪恐竜の化石を発見する。
□⑫竜巻の被害を調べる。
□⑬花屋で水仙の花を買う。
□⑭猫が我が物顔でひざに乗る。
□⑮彼はいつも悠然としている。
□⑯雨は一滴も降らなかった。
□⑰滴がしたたり落ちる。

言葉の力

□⑱語彙が豊富な小説家。
□⑲淡い水色の空。
□⑳淡水魚を飼育する。
□㉑情熱を内に秘める。
□㉒華やかな服を着る。
□㉓華道の展覧会に行く。
□㉔海水を煮詰める。
□㉕母の姿が脳裏に浮かぶ。
□㉖バロック音楽の精髄。

言葉1

□㉗織物にする布を裂く。
□㉘交渉（こうしょう）が決裂する。
□㉙傘を持って出かける。
□㉚風鈴の美しい音色。
□㉛予鈴までに席に着く。
□㉜鈴虫の飼い方を調べる。
□㉝豚肉を焼いて食べる。
□㉞養豚が盛んな地域。
□㉟新しいテレビを購入する。
□㊱廉価なゲームを買う。
□㊲批判を真摯に受け止める。
□㊳進んで実践してみる。
□㊴慎重に行動する。
□㊵口を慎むよう心がける。

□㊶ 軽率な発言を悔やむ。

言葉を比べよう

□㊷ 古い概念にとらわれない。

□㊸ 玄関に菊の花を飾る。

□㊹ 鍋で湯を沸かす。

□㊺ 鉛筆でスケッチする。

□㊻ 絵の具を混ぜて鉛色を作る。

翻訳作品を読み比べよう

□㊼ 需要の増加を見込む。

□㊽ 英文を翻訳する仕事。

㊶	
㊷	㊸
㊹	㊺
㊻	㊼
㊽	

2 次の語句を使って短文を作りなさい。

言葉の力

□① いやおうなしに

（　　　）

□② えもいわれぬ

（　　　）

3 次の――線と同じ読みの熟語を後から選び、記号で答えなさい。

言葉1

□ 軽率な行動を慎む。（　）

ア 円周率　イ 引率　ウ 能率

4 次の――線の語句の意味を後から選び、記号で答えなさい。

短歌に親しむ

□① 手紙に自分の思いを託す。（　）

□② みずみずしいトマトを食べる。（　）

□③ 友人と壮大（そうだい）な計画を立てる。（　）

言葉の力

□④ 彼は情熱を胸に秘める。（　）

□⑤ 日本文化の精髄に触れる。（　）

□⑥ 上気した顔を輝かせて、夢中で話した。（　）

言葉1

□⑦ この作家の文章は語感（ご）が美しい。（　）

□⑧ 「上」と「下」のように対になる言葉を探す。（　）

□⑨ 日本とアメリカの文化を対比する。（　）

□⑩ 文脈で言葉の意味が異なる場合がある。（　）

ア 二つがそろって組になるもの。
イ 物事の本質となる最も大切な部分。
ウ つやがあって若々しく新鮮（しんせん）な様子。
エ 二つのものをくらべ合わせて、その違いや特性をはっきりさせること。
オ のぼせて、顔を赤くすること。
カ 外に出さずに、内にもっている。
キ 文章の流れにおける意味や内容のつながり具合。
ク 大きくて立派な様子。
ケ 気持ちなどを直接言わず、他の物事にことよせて表現すること。
コ その言葉から受ける印象。

確認ドリル 1

3 言葉と向き合う／読書生活を豊かに

解答 108ページ

学習日 ／ ／

1 次の片仮名を漢字で書きなさい。

短歌に親しむ

□ ① 雨のシズクが落ちてくる。
□ ② 緑のマキバで過ごす。
□ ③ ユウキュウの時を超える。
□ ④ ワが家を新築する。
□ ⑤ リュウトウダビな結末だ。
□ ⑥ テイチョウにもてなす。
□ ⑦ 兄はスグれた能力をもつ。
□ ⑧ 山頂は気分ソウカイだ。
□ ⑨ スイテキが顔にかかる。
□ ⑩ 芸術作品をカンショウする。
□ ⑪ タツマキの注意報が出る。
□ ⑫ 社会のアンネイを願う。
□ ⑬ シンセンな魚をさばく。
□ ⑭ サワやかな笑顔。
□ ⑮ 祖母はヤサしい人だ。
□ ⑯ スイセンの花を育てる。
□ ⑰ 子会社に作業をイタクする。
□ ⑱ アザやかな身のこなし。

言葉の力

□ ⑲ ノウタンがはっきりした絵。
□ ⑳ 大根のニモノを作る。

①	②
③	④
⑤	⑥
⑦	⑧
⑨	⑩
⑪	⑫
⑬	⑭
⑮	⑯
⑰	⑱
⑲	⑳

□ ㉑ コッズイバンクに登録する。
□ ㉒ ノウリに考えがひらめく。
□ ㉓ 花を見ると気分がハナやぐ。
□ ㉔ アワい期待を抱く。
□ ㉕ ゴイを増やす努力をする。
□ ㉖ 幼い頃からカドウを習う。
□ ㉗ 決意を心にヒめる。

言葉1

□ ㉘ 健康法をジッセンする。
□ ㉙ 表紙がサけてしまった。
□ ㉚ ヒガサで紫外線を防ぐ。
□ ㉛ スズなりの見物人。
□ ㉜ 仕事にもシンシに取り組む。
□ ㉝ 五分前にヨレイが鳴る。
□ ㉞ ブタニクが値上がりする。
□ ㉟ 縁日でフウリンを買う。
□ ㊱ レンカな輸入品が多い。
□ ㊲ 畜産農家でトンシャを見る。
□ ㊳ ツツシみ深い性格。
□ ㊴ ケイソツな行動を控える。
□ ㊵ 雑誌を毎月コウドクする。
□ ㊶ 両者の意見がケツレツする。

㉑	㉒
㉓	㉔
㉕	㉖
㉗	
㉘	㉙
㉚	㉛
㉜	㉝
㉞	㉟
㊱	㊲
㊳	㊴
㊵	㊶

□㊷ 彼はシンチョウな性格だ。

言葉を比べよう

□㊸ ノギクが風に吹かれる。
□㊹ ナマリの重りをつける。
□㊺ 今夜はナベリョウリにする。
□㊻ エンピツを買いに行く。
□㊼ ヒツジュヒンをそろえる。
□㊽ 事件のガイリャクを伝える。

翻訳作品を読み比べよう

□㊾ ドイツ文学をホンヤクする。

㊷	
㊸	㊹
㊺	㊻
㊼	㊽
㊾	

2 次の意味の語句を後から選び、漢字で書きなさい。

短歌に親しむ

□① ほめたたえる気持ちを表したうた。（　　）
□② 心がゆったりとして落ち着いている様子。（　　）

言葉の力

□③ 心の中。頭の中。（　　）
□④ 物事の本質となる最も大切な部分。（　　）

ユウゼン　ノウリ　サンカ　セイズイ

3 次の――線と意味が同じものを後から選び、記号で答えなさい。

言葉1

□① 高い棚に手が届く。（　　）
□② 理想を高く掲げる。（　　）

ア 声高く笑う。　イ 志が高い。
ウ 物価が高くなる。　エ 日が高く昇る。

□③ このボールはよく弾む。（　　）
□④ 春になると心が弾む。（　　）

ア 祝い金を弾む。　イ 週末は気持ちが弾む。
ウ 弾んだ球にぶつかる。　エ 全力で走り息が弾む。

4 次の語句の対義語を後から選び、漢字を使って書きなさい。

言葉1

□① 安全↕（　　）　□② 温暖↕（　　）
□③ 縮む↕（　　）　□④ 重い↕（　　）
□⑤ 依存↕（　　）　□⑥ 暗い↕（　　）

ジリツ　ノビル　キケン
アカルイ　カルイ　カンレイ

4 人間のきずな

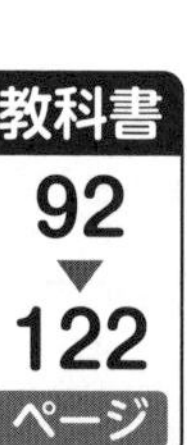

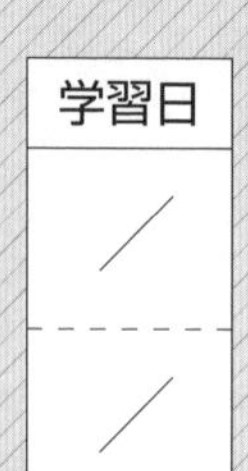

盆土産（みやげ）

教科書 92▼105 ページ

新出漢字

漢字	読み方	部首	画数	用例
P92 盆	ボン	皿 さら	9画	**盆**に帰省する。お**盆**でお茶を運ぶ。祖父の趣味は**盆**栽（さい）だ。
P92 漬	つ**ける** つ**かる**	氵 さんずい	14画	大根をぬかに**漬ける**。梅がよく塩に**漬かる**。部活**漬け**の生活を送る。
P92 敏	ビン	攵 ぼくにょう のぶん	10画	試験前は神経が過**敏**だ。犬は匂いを**敏**感に感じ取る。雑務を**敏**速に処理する。
P92 唐	トウ から	口 くち	10画	**唐**詩の響きを味わう。会議中に**唐**突な発言をする。**唐**草模様の布。
P92 訂	テイ	言 ごんべん	9画	改**訂**版の辞書を買う。文書を厳密に校**訂**する。作文の誤字を**訂**正する。
P92 釣	（チョウ） つる	金 かねへん	11画	友達と**釣**果（ちょうか）を競う。海で魚を**釣る**。**釣り**銭を受け取る。

漢字	読み方	部首	画数	用例
P93 炉	ロ	火 ひへん	8画	暖**炉**を壁に設ける。**炉**辺でくつろぐ。囲**炉**裏を囲み団らんする。
P93 串	くし	丨 ぼう たてぼう	7画	あゆを**串**焼きにする。団子を**串**刺しにする。
P93 濁	ダク にご**る** にご**す**	氵 さんずい	16画	川の水が白**濁**する。湖の水が**濁る**。思わず口を**濁す**。
P94 吉	キチ キツ	口 くち	6画	おみくじで大**吉**を引く。合格の**吉**報が届く。不**吉**な予感がする。
P94 沼	（ショウ） ぬま	氵 さんずい	8画	湖**沼**（こしょう）の水質を調査する。**沼**に生息する動植物。争いが泥**沼**（どろ）化する。
P94 揚	ヨウ あ**げる** あ**がる**	扌 てへん	12画	選手たちの士気が高**揚**する。野菜のかき**揚げ**を食べる。いわしが大量に**揚がる**。
P94 潰	カイ つぶ**す** つぶ**れる**	氵 さんずい	15画	胃**潰**瘍（よう）と診断される。木の実をすり**潰す**。菓子箱が**潰れる**。
P95 砕	サイ くだ**く** くだ**ける**	石 いしへん	9画	**砕**石を資材に使う。煎餅（せんべい）をかみ**砕く**。ガラスが粉々に**砕ける**。

ページ	漢字	読み	部首	画数	用例
P95	唾	ダ・つば	口 くちへん	11画	**唾液**が消化を助ける。**唾棄**すべき行動だ。緊張して**唾**を飲む。
P95	湾	ワン	氵 さんずい	12画	**港湾**に船が停泊する。**湾岸**を走る高速道路。**湾曲**した地形が続く。
P96	粒	リュウ・つぶ	米 こめへん	11画	砂の**粒子**が遠くまで飛ぶ。ぶどうの**粒**を一つ食べる。**粒より**の真珠（しんじゅ）をそろえる。
P96	跳	チョウ・はねる・とぶ	𧾷 あしへん	13画	**跳躍力**を伸ばす訓練をする。魚が勢いよく**跳ねる**。はずみをつけて**跳ぶ**。
P96	柵	サク	木 きへん	9画	打球が球場の**柵**を越える。敷地（しきち）に**鉄柵**をめぐらせる。**竹柵**のある日本庭園。
P97	塊	カイ・かたまり	土 つちへん	13画	沈没船から**金塊**を発見する。大きな**氷塊**が浮かぶ。砂糖の**塊**にアリが群がる。
P97	蓋	ガイ・ふた	艹 くさかんむり	13画	人間の**頭蓋骨**。**天蓋**をかぶった虚無僧（こむそう）。なべに**蓋**をする。
P97	凍	トウ・こおる・こごえる	冫 にすい	10画	**冷凍食品**を購入する。冬には湖面が**凍る**。寒さに身が**凍える**。
P98	偉	イ・えらい	亻 にんべん	12画	尊敬する**偉人**の伝記を読む。**偉大**な功績を残す。**偉そう**な態度をとる。

ページ	漢字	読み	部首	画数	用例
P99	焦	ショウ・こげる・こがす・こがれる・（あせる）	灬 れんが れっか	12画	議論の**焦点**を絞る。焼き魚が**焦げる**。夕食の煮物を**焦がす**。故郷に**焦がれ**、涙を流す。友達と比較し気持ちが**焦**（あせ）**る**。
P100	緻	チ	糸 いとへん	16画	**緻密**な作りの時計。植物を**精緻**に描写する。
P101	瞭	リョウ	目 めへん	17画	**不明瞭**な言葉を聞き返す。力の差は**一目瞭然**だ。
P101	卓	タク	十 じゅう	8画	家族で**食卓**を囲む。**卓球**の試合を観戦する。友人と**卓上**ゲームで遊ぶ。
P102	崖	ガイ・がけ	山 やま	11画	切り立った**断崖**の風景。**崖っぷち**から下をのぞく。**崖下**の川を見る。
P103	掌	ショウ	手 て	12画	墓前で**合掌**する。権力を**掌中**に収める。**車掌**が到着（とうちゃく）を伝える。

新出音訓

（□は新しく習う読み方）

ページ	漢字	読み方	用例
P93	生	セイ・ショウ・いきる・いかす・いける・うまれる・うむ・おう・はえる・はやす・[き]・なま	**生**そばにこだわる。
P94	著	チョ・あらわす・[いちじるしい]	**著しい**変化を見せる。

P96	P100
病	精
ビョウ・（ヘイ） やむ・やまい	セイ・ショウ
ささいな失敗を気に病む。	日々精進する姿勢が大切だ。

書き誤りに注意

漬 潰 偉

▼部首がどちらも「氵(さんずい)」でつくりの形も似ているので、書き誤りに気をつけよう。他にも「責」「積」「績」「貴」「遺」など、似ている字が多いので注意しよう。

▼同じ「イ」という音をもつ「緯」と書き誤らないようにする。「韋」の形にも気をつけよう。

・偉…例偉人・偉大　・緯…例緯度・経緯

使い分けに注意

揚

▼「揚げる」「挙げる」「上げる」の使い分けに注意する。

・揚げる　例天ぷらを揚げる。国旗を揚げる。

・挙げる　例手を挙げる。例を挙げる。

・上げる　例顔を上げる。炎(ほのお)を上げる。

跳

▼「とぶ」には、「跳ぶ」「飛ぶ」の二通りの漢字がある。

・跳ぶ…地面をけって高く上がる意味。

・飛ぶ…空中を移動する、速く移動する意味。

覚えておこう

凍

▼部首を「氵(さんずい)」としないように注意する。さんずいは「水」を表すが、「こお(る)」には、かたまるという意味の「冫(にすい)」がつく。

重要な語句

◆は教科書中にある「注意する語句」

92ページ

5 造作もない　手間がかからず、簡単である様子。

6 とんと　（下に打ち消しの言葉を伴(ともな)って）少しも。

文彼の行きそうな場所など、とんと思いつかない。

7 存外　思いのほか。類案外・意外

8 唐突に　突然。だしぬけな様子。類不意に

93ページ

13 面くらう　突然の出来事に驚いて慌てる。

17 気が気ではない　心配で落ち着かない。

文留守中に彼が来るのではないかと、気が気ではない。

20 ひやりとする　（ここでは）一瞬、恐ろしさを感じて緊張する。

文ガラスの皿を落としそうになって、ひやりとする。

94ページ

◆8 心もとない　頼りなく、心配な様子。

文台風の中、傘一本では心もとない。

95ページ

◆10 すこぶる　非常に。大変。

文その集まりはいつも、すこぶる楽しい。

20 湾曲　弓の形に曲がっていること。

96ページ

◆14 流儀(りゅうぎ)　（ここでは）物事のやり方。

97ページ

◆7 せっかち　落ち着きがなく、気短な様子。

文せっかちな店員は、配達先も聞かずに飛び出した。

98ページ

◆1寸断　ずたずたに細かく切ること。

◆11すくめる　体や体の一部を縮める。
文もうお手上げだと、肩をすくめる。

99ページ

◆3気勢をそぐ　意気込んだ気持ちが弱まる様子。
文思いがけず謝られて、気勢をそがれた。

◆17はらはらする　（ここでは）成り行きを心配する様子。
文空中ブランコの演技をはらはらしながら見守る。

100ページ

3緻密　（ここでは）きめが細かい様子。

◆3きしむ　物と物とがこすれ合って音を立てる。
文公園のシーソーがきしむ。

◆17同調　他の人の意見に賛成・同意すること。
文発言者の多くが、提案に同調する意見を述べた。

101ページ

◆5尋常　（ここでは）変わったところがなく普通な様子。

14不明瞭　はっきりせず、よくわからないこと。

102ページ

◆4とって付けたよう　不自然でわざとらしい様子。
文別れぎわに、妹はとって付けたような笑顔を見せた。

◆6しゃくり上げる　声や息を吸い込むようにして泣く。

◆6とっさに　その瞬間に。
文何かが落ちてきたので、とっさに身をかわした。

字のない葉書（はがき）

教科書 106▼111ページ

新出漢字

漢字	読み方	部首	画数	筆順	用例
P106 殿	デン テン との どの	殳 るまた ほこづくり	13画	尸 屏 屈 展 殿 殿	広大な**宮殿**を観光する。**御殿**（ごてん）のような立派な家。**殿様**が愛用した調度品。〇〇**殿**。
P106 挨	アイ	扌 てへん	10画	扌 扌 扌 扌 挨 挨	先生に**挨拶**（さつ）する。閉会の**挨拶**をする。
P106 拶	サツ	扌 てへん	9画	扌 扌 扌 拶 拶 拶	**挨拶状**を書く。
P107 儀	ギ	亻 にんべん	15画	亻 亻 亻 儀 儀 儀	伝統の**儀式**を重んじる。兄は**他人行儀**な態度をとる。彼は**礼儀**正しい人だ。
P107 肌	はだ	月 にくづき	6画	丿 月 月 月 肌 肌	**岩肌**がごつごつした崖。**肌**を露出する服。替えの**肌着**を持参する。
P107 縫	ホウ ぬ**う**	糸 いとへん	16画	糸 糸 絳 縫 縫 縫	**裁縫**道具を持ち歩く。傷口を消毒し**縫合**する。スカートのほころびを**縫う**。

	炊	餅	吐	叱	叫
ページ	P108	P108	P108	P108	P109
読み	スイ たく	ヘイ もち	ト はく	シツ しかる	キョウ さけぶ
部首	火 ひへん	食 しょくへん	口 くちへん	口 くちへん	口 くちへん
画数	8画	14画	6画	5画	6画
筆順	ソ 少 火 炒 炊 炊	食 飠 飠 飠 餅 餅	丨 口 口 口 叶 吐	丨 口 口 口 叱	丨 口 口 口 口 叫
用例	夕食は外食せずに**自炊**する。 鍋で**雑炊**を作る。 夕食用に米を三合**炊く**。	**煎餅**を割って食べる。 彼岸にぼた**餅**を食べる。 母は草**餅**が好きだ。	そっと**吐息**をもらす。 親友に胸のうちを**吐露**する。 ゆっくりと息を**吐き出す**。	父から**叱責**を受ける。 遅刻した生徒を先生が**叱る**。	お化け屋敷で**絶叫**する。 名前を大声で**叫ぶ**。

（叱は〈𠮟〉とも書く）

新出音訓（［ ］は新しく習う読み方）

漢字	読み方	用例
P107 性	セイ・［ショウ］	彼女は照れ**性**である。

特別な読み方をする語

107 木綿【もめん】

使い分けに注意

儀 ▼作法や儀式の意味。正しい行いを意味する「義」や、話し合いを意味する「議」と使い分ける。

重要な語句

◆は教科書中にある「注意する語句」

106ページ

1 **筆まめ**　めんどうがらずに、手紙や文章をまめに書くこと。

◆2 **三日にあげず**　間をあけず。しばしば。

◆3 **おろそか**　いいかげんにしたり、軽く扱ったりする様子。　類なおざり

3 **大ぶり**　普通より大きめなこと。　対小ぶり

8 **罵　声**　大声でののしる声。

◆9 **こそばゆい**　くすぐったい。照れくさい。

9 **晴れがましい**　（ここでは）晴れやかで誇らしい。

10 **折り目正しい**　行儀作法をわきまえている様子。　類礼儀正しい

12 **字　引**　辞書。

107ページ

1 **かんしゃく**　ちょっとしたことにもすぐ怒りだす性質。

2 **非の打ちどころのない**　全く欠点がない。

4 **他人行儀**　他人に対するようによそよそしい様子。

8 **いつとはなしに**　いつの間にか。知らないうちに。

9 **かれこれ**　（ここでは）大体。おおよそ。

15 **不憫**（ふびん）　かわいそうなこと。

◆17 **命からがら**　何とか命だけは失わずに。やっとのことで。　文熊に襲われ、命からがら逃げ帰った。

◆19 **おびただしい**　（ここでは）非常に数が多い。　文夕方の公園にはおびただしい鳥が集まる。

19 **きちょうめん**　物事を細かくきちんとする様子。

108ページ

3 かさ　物の大きさや量、体積のこと。「かさ高な」で、「かさばっている」ということ。

◆4 はしゃぐ　浮かれて騒ぐ。

6 振る舞う　（ここでは）ごちそうする。

13 わずらう　（ここでは）病気になる。

17 うらなり　つるの先の方にできた、時期遅れで味の悪い実。

言葉2　敬語

教科書 117▼119 ページ

新出漢字

	漢字	読み方	部首	画数	筆順	用例
P117	伺	（シ） うかが**う**	亻 にんべん	7画	亻仃们伺伺	王のそばに**伺候**（しこう）する。 先生のご自宅に**伺う**。 専門家に**伺い**を立てる。
P118	賓	ヒン	貝 かい	15画	宀宀宀宊賓賓	外国からの**国賓**をもてなす。 **主賓**の挨拶が始まる。 **来賓**を空港で見送る。
P118	為	イ	灬 れんが れっか	9画	丶ソ为为為為	親切な**行為**に感謝する。 データに**作為**を加える。 休日を**無為**に過ごす。
P118	謙	ケン	言 ごんべん	17画	言訁訁訁謙謙	**謙虚**な姿勢で臨む。 **謙遜**して多くを語らない。
P118	譲	ジョウ ゆず**る**	言 ごんべん	20画	言訁訁訁譲譲	**謙譲語**を使って話す。 要求に対して**譲歩**する。 老人に席を**譲る**。
P118	芳	ホウ （かんば**しい**）	艹 くさかんむり	7画	一十艹艹芳芳	**芳香剤**を使う。 **芳名**は相手の名の尊敬語だ。 最近の成績は**芳**（かんば）**しく**ない。
P118	御	ギョ ゴ おん	彳 ぎょうにんべん	12画	彳徉徉徉御御	高まる感情を**制御**する。 お客様の**御用**を承る。 会社の敬称を**御社**という。
P118	愚	グ おろ**か**	心 こころ	13画	日月禺禺愚愚	討論の場で**愚見**を述べる。 **愚行**を重ね、迷惑をかける。 **愚か**な言動をつつしむ。
P118	弊	ヘイ	廾 にじゅうあし こまぬき	15画	尚尚敝敝弊弊	多忙で心身が**疲弊**する。 思わぬ**弊害**が生じる。 **弊社**の社員を向かわせる。
P118	拙	セツ つたな**い**	扌 てへん	8画	扌扎拙拙拙拙	友人を**拙宅**に招く。 先生に**拙著**を渡す。 **拙い**文を修正する。
P118	粗	ソ あら**い**	米 こめへん	11画	丷半米粗粗粗	**粗悪**な品を回収する。 客に**粗品**を贈呈する。 きめが**粗い**布。
P119	呂	ロ	口 くち	7画	口口口呂呂呂	お**風呂**（ふ）に入る。 **語呂**合わせをする。
P119	諧	カイ	言 ごんべん	16画	言訁訁訁諧諧	**俳諧**を味わう。 **諧**ぎゃく**味**のある文章。

読みに注意

御

▼下に続く言葉で読み方が異なるので正しく覚える。

・ギョ…例御者・御苑（えん）
・ゴ　…例御三家・御所
・おん…例御中・御社

書き誤りに注意

弊

▼「ヘイ」という同じ音をもつ「幣」とは、形も似ているので、混同しないように注意する。「弊」には「くたびれる・よくないこと」などの意味がある。

使い分けに注意

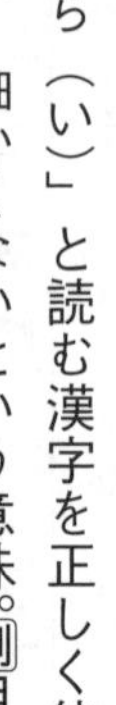

粗

▼「あら（い）」と読む漢字を正しく使い分ける。

・粗い…細かくないという意味。例目が粗い・粒が粗い
・荒い…あらっぽいという意味。例波が荒い

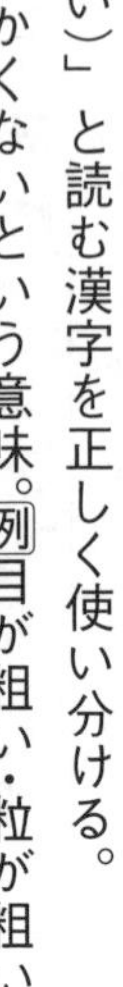

重要な語句

117ページ

下5**不特定多数**　定まった性質・傾向のないものが数多く集まっていること。

118ページ

上3**来賓**　式典や会合に招かれてきた客。

119ページ

上5**丁重**　（ここでは）礼儀正しく手厚いこと。

下8**身内**　（ここでは）家族や親類など、自分と親しい、関係の近い人。

漢字2　同じ訓・同じ音をもつ漢字

教科書 120▼121ページ

新出漢字

漢字	読み方	部首	画数	筆順	用例
P120 診	シン みる	言 ごんべん	12画	言 言 訡 診 診 診	**誤診**を防ぐ対策をたてる。 客の意向を**打診**する。 医師が患者（かんじゃ）の脈を**診る**。
P120 陳	チン	阝 こざとへん	11画	阝 阝 阝 陌 陣 陳	無礼な発言を**陳謝**する。 商品を棚に**陳列**する。 会議で企画を**開陳**する。
P121 酪	ラク	酉 ひよみのとり とりへん	13画	冂 西 酉 酪 酪 酪	**乳酪製品**を好んで買う。 家族で**酪農**の仕事を営む。
P121 慨	ガイ	忄 りっしんべん	13画	忄 忄 恒 恨 慨 慨	父が**感慨**にふけっている。 **慨嘆**（たん）する友人を慰める。 理不尽なやり方に**憤慨**（ふん）する。
P121 紳	シン	糸 いとへん	11画	幺 糸 糸 紅 紳 紳	**紳士的**な振る舞いをする。 他国と**紳士協定**を結ぶ。 フランスから来た**貴紳**。
P121 祉	シ	礻 しめすへん	8画	ネ ネ 礻 社 祉 祉	町独自の**福祉政策**。 **福祉**の予算を増やす。
P121 倫	リン	亻 にんべん	10画	亻 仒 伶 倫 倫 倫	**倫理委員会**で議論する。 **人倫**に反する行為を戒める。

ページ	漢字	読み	部首	画数	筆順	用例
P121	諮	シ / はか**る**	言 ごんべん	16画	言 訁 訁 訁 訁 諮	行政の**諮問機関**。 提案を生徒会に**諮る**。
P121	執	シツ / シュウ / と**る**	土 つち	11画	土 圭 幸 卦 執 執	推理小説を**執筆**する。 勝利に**執念**を燃やす。 チームの指揮を**執る**。
P121	鐘	ショウ / かね	金 かねへん	20画	金 釒 鈡 鐘 鐘 鐘	社会に**警鐘**を鳴らす。 **鐘**の音が遠くまで聞こえる。 百八回、**除夜の鐘**が響く。
P121	鋳	チュウ / い**る**	金 かねへん	15画	金 釒 鋳 鋳 鋳 鋳	**鋳鉄**の性質を調べる。 **鋳造**するには**鋳型**が必要だ。 青銅で銅鐸（どうたく）を**鋳る**。
P121	浸	シン / ひた**す** / ひた**る**	氵 さんずい	10画	氵 氵 浔 浔 浸 浸	古い建物が**浸水**する。 器具を消毒液に**浸す**。 しばし歓喜に**浸る**。
P121	汁	ジュウ / しる	氵 さんずい	5画	丶 冫 氵 汁 汁	敗北の**苦汁**をなめる。 ハンバーグから**肉汁**が出る。 豆腐の**みそ汁**を作る。
P121	渋	ジュウ / しぶ / しぶ**い** / しぶ**る**	氵 さんずい	11画	氵 氵 沚 渋 渋 渋	**苦渋**の選択を強いられる。 湯のみの**茶渋**を落とす。 父は**渋い**色が似合う。 経費削減のため出資を**渋る**。
P121	渉	ショウ	氵 さんずい	11画	氵 氵 渉 渉 渉 渉	必要以上に友達に**干渉**する。 外国との**交渉**に踏み切る。 同好会で**渉外**の担当になる。
P121	衡	コウ	行 ぎょうがまえ ゆきがまえ	16画	彳 徉 衡 衡 衡 衡	収支が**均衡状態**になる。 **平衡感覚**を鍛（きた）える。 **度量衡**を統一する。
P121	享	キョウ	亠 なべぶた けいさんかんむり	8画	亠 亡 亨 享 享 享	自然の恩恵を**享受**する。 **享楽**にふける生活を改める。 **享年**八十で亡（な）くなる。
P121	軌	キ	車 くるまへん	9画	百 亘 車 軌 軌	店の経営が**軌道**に乗る。 **常軌**を逸（いっ）した行動を取る。 先人の**軌跡**を振り返る。

新出音訓（□は新しく習う読み方）

ページ	漢字	読み方	用例
P121	図	ズ・ト / [はかる]	関係者に便宜（べんぎ）を**図る**。

書き誤りに注意

紳　▼「シン」という同じ音読みをもつ「神」「伸」と書き誤らないように注意する。

形に注意

祉　▼「ネ（しめすへん）」を「ネ（ころもへん）」にしないように注意。「祉」は「さいわい・めぐみ」などの意味。

使い分けに注意

執　▼「と（る）」には、「執る」の他、「取る」「採る」「捕る」「撮る」があるので、正しく使い分ける。「執る」は仕事をする意味。「事務を執る」などと使う。

重要な語句

120ページ

下12 **陳謝**　事情を述べて謝ること。

下13 **誠心誠意**　相手に真心を込めて接すること。

121ページ

上9 **感慨**　しみじみした気持ちになること。

下4 **倫理**　人として守るべき道。

下6 **鋳る**　金属を溶かして型に流して器物をつくる。

下8 **輩出**　優れた人材が次々に出ること。

下9 **苦汁**　つらく苦しい経験。

下9 **苦渋**　悩み苦しむ様子。

下10 **驚異**　非常に驚くべきこと、またはその驚き。

下10 **脅威**　脅かすこと。また脅されることで感じる恐れ。

下11 **干渉**　他人の物事に立ち入り、従わせようとすること。

下11 **感傷**　物事に感じて、心を痛めること。

下13 **享受**　受け入れて自分のものとすること。

下14 **軌跡**　車の輪が通った跡。物事がたどった道筋。

漢字に親しもう3

教科書122ページ

新出漢字

漢字	読み方	部首	画数	筆順	用例
P122 膳	ゼン	月 にくづき	16画	月 月⺷ 胖 胖 膳 膳	各部屋に**配膳**する。 海の幸が**食膳**をにぎわす。 会議の**お膳立て**をする。
P122 藻	ソウ も	艹 くさかんむり	19画	艹 芦 茳 萍 藻 藻	**藻類**について研究する。 **海藻**を使った料理を作る。 船が海の**藻くず**となった。
P122 摂	セツ	扌 てへん	13画	扌 扌 拒 挕 摂 摂	栄養のあるものを**摂取**する。 自然の**摂理**に従う。 **摂氏**二十八度に設定する。
P122 醸	ジョウ （かもす）	酉 ひよみのとり とりへん	20画	酉 酊 酢 酳 醸 醸	みそをたるで**醸造**する。 改革の機運が**醸成**される。 しょう油を**醸**（かも）**す**。
P122 蜜	ミツ	虫 むし	14画	宀 宓 宓 密 蜜 蜜	花の**蜜**を集める。 パンケーキに**蜂蜜**をぬる。 隣国と**蜜月**時代を築く。
P122 麺	メン	麦 むぎ	16画	圭 麦 麦 麺 麺 麺	**麺**をかためにゆでる。 昼食は**麺類**にする。 **麺棒**でパン生地をのばす。
P122 〈煎〉煎	セン いる	灬 れんが れっか	13画	䒑 前 前 前 前 煎	**煎茶**をお客様に出す。 祖父は**煎じ薬**を飲んでいる。 大豆を**煎る**。
P122 充	ジュウ （あてる）	儿 にんにょう ひとあし	6画	丶 亠 云 云 产 充	**充実**した毎日を送る。 携帯電話の**充電**をする。 賞与を旅費に**充**（あ）**てる**。
P122 〈塡〉填	テン	土 つちへん	13画	土 圹 圹 埴 埴 填	銃（じゅう）に弾薬を**装填**する。 売買による損失を**補填**する。 すき間に接着剤を**充填**する。
P122 佳	カ	亻 にんべん	8画	亻 仁 仕 仹 佳 佳	物語が**佳境**を迎える。 コンクールで**佳作**を取る。 **佳日**を祝う。

漢字	読み	部首	画数	用例
P122 凹	オウ	凵 かんにょう うけばこ	5画	**凹面鏡**による実験。**凹レンズ**に加工する。**凹型**のパズルのピース。
P122 凸	トツ	凵 かんにょう うけばこ	5画	昔は**凸版印刷**が主流だった。虫眼鏡には**凸レンズ**を使う。路面の**凹凸**が目立つ。
P122 募	ボ つの**る**	力 ちから	12画	英会話学校の生徒を**募集**する。**募金**の活動に参加する。恋しさが**募る**。
P122 剰	ジョウ	刂 りっとう	11画	子に**過剰**な期待をする。**剰余金**を分配する。**余剰人員**を他の部署へ回す。
P122 剤	ザイ	刂 りっとう	10画	弱酸性の**洗剤**。薬の**調剤**を行う。**薬剤師**を目指す。

新出音訓

（□は新しく習う読み方）

漢字	読み方	用例
P122 映	エイ うつ**る**・うつ**す**・[は**える**]	黒髪に**映える**赤い髪飾り。
P122 省	セイ・ショウ [かえり**みる**]・はぶく	自己の行いを**省みる**。
P122 著	チョ [あらわ**す**]・いちじる**しい**	さまざまな書物を**著す**。
P122 推	スイ [お**す**]	友人を生徒会長に**推す**。
P122 裁	サイ [た**つ**]・さばく	大きな布地を**裁つ**。
P122 断	ダン [た**つ**]・ことわ**る**	敵の退路を**断つ**。

書き誤りに注意

醸　蜜　募

▼同じ「ジョウ」という音の「譲」「壌」と書き誤りやすいので注意しよう。

・醸…発酵をさせて酒などを造るという意味。例醸造
・譲…譲り、与えるという意味。例謙譲・譲歩
・壌…土という意味。例土壌

▼同じ「ミツ」という音の「密」と書き誤りやすい。「密」の部首が「宀（うかんむり）」なのに対して、「蜜」の部首は「虫（むし）」。形は似ているが、意味は異なる。

・蜜…例蜂蜜・蜜月　・密…例秘密・密会

▼同じ「ボ」という音をもち、形も似ている「暮」「墓」との使い分けに注意しよう。

・募…例募集・募金　・暮…例薄暮・歳暮
・墓…例墓地・墓石

覚えておこう

凹　凸

▼筆順に注意。形と読みが入れ違わないようにする。

・凹（おう）…始筆は「𠃊」
・凸（とつ）…始筆は「⊢」

二字熟語にすると、重ねる順序で読みが異なる。
凹凸（おうとつ）・凸凹（でこぼこ＝特別な読み方）

基本ドリル 1

④ 人間のきずな

解答 108ページ

学習日　／　／

1 次の漢字の読み方を書きなさい。

盆土産（みやげ）

□① 盆の入りに迎え火をたく。
□② 米を水に漬ける。
□③ 姉は匂いに敏感だ。
□④ 妹が唐突に歌いだした。
□⑤ 唐草模様の風呂敷（ふろしき）。
□⑥ 誤った表記を訂正する。
□⑦ 大きな魚を釣る。
□⑧ 信州で生そばを食べる。
□⑨ 囲炉裏の周りに集まる。
□⑩ 串焼きにした川魚。
□⑪ 雨が降って川が濁る。
□⑫ 白濁した温泉につかる。
□⑬ 不吉な話は避ける。
□⑭ 弟のおみくじは大吉だった。
□⑮ 著しい進歩を遂げる。
□⑯ 沼の周りを歩く。
□⑰ エビのかき揚げを食べる。
□⑱ 試合を前に気分が高揚する。
□⑲ ジャガイモをすり潰す。
□⑳ 胃潰瘍（よう）の手術を受ける。
□㉑ 大きい氷をかみ砕く。
□㉒ 砕石をトラックで運ぶ。

①	②
③	④
⑤	⑥
⑦	⑧
⑨	⑩
⑪	⑫
⑬	⑭
⑮	⑯
⑰	⑱
⑲	⑳
㉑	㉒

□㉓ 唾液の役割を知る。
□㉔ 眉（まゆ）に唾をつける。
□㉕ 湾曲している海岸線。
□㉖ 粒の大きなぶどう。
□㉗ 粒子が空中を浮遊する。
□㉘ 池の魚が跳ねる。
□㉙ 跳躍した距離を競う。
□㉚ ハードルを跳ぶ。
□㉛ 放牧地を柵で囲む。
□㉜ 眼病を病む。
□㉝ 塩の塊をお湯で溶かす。
□㉞ 海底で金塊が発見された。
□㉟ やかんの蓋をする。
□㊱ 頭蓋骨の標本。
□㊲ 冷凍食品を調理する。
□㊳ 凍った道ですべる。
□㊴ 寒さで手足が凍える。
□㊵ 偉そうに話す。
□㊶ 野球で偉大な記録を残す。
□㊷ 鍋の底が焦げる。
□㊸ 望遠鏡の焦点を合わせる。
□㊹ これは緻密な織物だ。
□㊺ 仕事に精進する。
□㊻ 不明瞭な発音を直す。

㉓	㉔
㉕	㉖
㉗	㉘
㉙	㉚
㉛	㉜
㉝	㉞
㉟	㊱
㊲	㊳
㊴	㊵
㊶	㊷
㊸	㊹
㊺	㊻

□㊼ 食卓にごちそうが並ぶ。
□㊽ 崖っぷちに花が咲く。
□㊾ 教科書で断崖の写真を見る。
□㊿ 車掌が発車の合図をする。

㊼	㊽
㊾	㊿

2 盆土産 次の語句を使って短文を作りなさい。

□① 気が気ではない
（　　　　　　　　）

□② はらはらする
（　　　　　　　　）

□③ とっさに
（　　　　　　　　）

3 盆土産 次の（　）に当てはまる漢字を下から選び、書きなさい。

□① 国旗を（　　）げる。 【揚・挙】

□② 気球が空を（　　）ぶ。 【跳・飛】

□③ うさぎを（　　）に入れる。 【柵・策】

□④ なすの（　　）け物をごはんに添える。 【着・漬】

4 盆土産 次の――線の漢字のうち、読み方の違うものを選び、記号で答えなさい。

□① ア 吉兆　イ 吉報　ウ 大吉　（　　）

□② ア 唐突　イ 唐詩　ウ 唐草　（　　）

□③ ア 大粒　イ 粒子　ウ 一粒　（　　）

5 盆土産 次の――線の語句の意味を後から選び、記号で答えなさい。

□① 車の運転は、彼にとっては造作もないことだ。（　　）

□② 抜き打ちテストをすると聞いて面くらう。（　　）

□③ 買い物に弟だけで行かせるのは心もとない。（　　）

□④ 祖母は、この暑さの中でもすこぶる元気だ。（　　）

□⑤ せっかちな母は、最後まで話を聞かずに飛び出した。（　　）

□⑥ 彼は、あきれて肩をすくめた。（　　）

□⑦ 試合前の突然の雨に気勢をそがれた。（　　）

□⑧ 妹の驚き方は尋常ではなかった。（　　）

ア 非常に。大変。
イ 突然の出来事に驚いて慌てる。
ウ 体や体の一部を縮める。
エ 手間がかからず、簡単である様子。
オ 変わったところがなく普通な様子。
カ 意気込んだ気持ちが弱まる様子。
キ 落ち着きがなく、気短な様子。
ク 頼りなく、心配な様子。

確認ドリル 1

④ 人間のきずな

解答 109ページ

学習日 ／ ／

1 次の片仮名を漢字で書きなさい。

盆土産(みやげ)

□① コウワンを整備する。
□② 豚肉をカタマリで買う。
□③ 教科書がカイテイされる。
□④ うさぎがハねる。
□⑤ コウヨウした気分になる。
□⑥ タッキュウ部に入る。
□⑦ 夏休みを待ちコがれる。
□⑧ レジでおツりを受け取る。
□⑨ リュウシが粗い写真。
□⑩ 大安キチジツ。
□⑪ ショウジン料理を食べる。
□⑫ 中国のトウの時代の漢詩。
□⑬ 山に囲まれたボンチに住む。
□⑭ ツブよりのいちご。
□⑮ 正月にたこをアげる。
□⑯ 日光にカビンに反応する。
□⑰ ガケの下に咲く花。
□⑱ 南極海に浮かぶヒョウカイ。
□⑲ フキツな夢を見る。
□⑳ 紙の箱がツブれる。
□㉑ きゅうりをツける。
□㉒ 木のサクを修理する。

①	②
③	④
⑤	⑥
⑦	⑧
⑨	⑩
⑪	⑫
⑬	⑭
⑮	⑯
⑰	⑱
⑲	⑳
㉑	㉒

□㉓ 肉をクシザしにする。
□㉔ 果物をコオらせる。
□㉕ エラい人になりたい。
□㉖ 問題にショウテンを当てる。
□㉗ ヌマチを散策する。
□㉘ 違いは一目リョウゼンだ。
□㉙ 岩石をフンサイする。
□㉚ 残ったご飯をレイトウする。
□㉛ ダンガイ絶壁の写真。
□㉜ チョウヤク競技に出る。
□㉝ カラクサ模様を好む。
□㉞ バケツにフタをする。
□㉟ ダンロに火を入れる。
□㊱ 産業のイチジルしい発達。
□㊲ ガッショウ造りの古民家。
□㊳ ハクダクした池の水を見る。
□㊴ 体がコゴえるほど寒い。
□㊵ 細かく氷をクダく。
□㊶ テンガイ付きの寝台。
□㊷ 繭(まゆ)からキイトをとる。
□㊸ 曖昧(あいまい)に言葉をニゴす。
□㊹ カイ瘍(よう)を薬で治す。
□㊺ ダエキを分泌(ぶんぴつ)する。
□㊻ イダイな業績をたたえる。

㉓	㉔
㉕	㉖
㉗	㉘
㉙	㉚
㉛	㉜
㉝	㉞
㉟	㊱
㊲	㊳
㊴	㊵
㊶	㊷
㊸	㊹
㊺	㊻

□47 セイチな描写の絵画。
□48 垂直トびの記録が伸びる。
□49 ヤみ上がりの体。
□50 ツバを飛ばして熱弁する。

47	48

49	50

2 次の（　）に当てはまる語句を後から選び、書き入れなさい。 **盆土産**

□① 降り続く雨も（　　　）明日までだろう。
□② 寒いと思ったら、（　　　）雪になった。
□③ 友達が、遠くから（　　　）遊びに来てくれた。
□④ ボールが飛んできたので、（　　　）よけた。

わざわざ　案の定　とっさに　せいぜい

3 次の表現はどのような気持ちを表しますか。下から選び、書き入れなさい。 **盆土産**

□① 気が気ではない（　　　）
□② ひやりとする（　　　）
□③ 目をみはる（　　　）

驚き　心配　緊張

4 次の各文から誤っている漢字を抜き出して上の（　）に書き、正しい漢字を下の（　）に書きなさい。 **盆土産**

□① 計画の目的が明療だ。（　）→（　）
□② 致密な計画を立てて実行する。（　）→（　）
□③ 叔父は電車の車承をしている。（　）→（　）
□④ 食託に料理を並べる。（　）→（　）
□⑤ 研究者が違大な功績を残す。（　）→（　）
□⑥ 言葉の使い方を停正する。（　）→（　）

5 次の□に当てはまる漢字を後から選び、書き入れなさい。 **盆土産**

□① 一人で留守番をすることになった妹は、□もとない表情を浮かべた。
□② 急に飼い犬が飛び出してきたので、□くらった。
□③ 先に彼から謝られたことで、□勢をそがれた。

面　気　心

基本ドリル 2

④ 人間のきずな

解答 109ページ

学習日 ／ ／

1 次の漢字の読み方を書きなさい。

字のない葉書（はがき）

□① 「○○殿」と宛名を書く。
□② 西洋の宮殿の写真を見る。
□③ 御殿（ご）のような住まい。
□④ 殿様のそばに仕える。
□⑤ 朝礼で挨拶をする。
□⑥ 照れ性の一面を見せる。
□⑦ 他人行儀な振る舞い。
□⑧ 新品の肌着を準備する。
□⑨ 木綿のハンカチを使う。
□⑩ ぞうきんを縫う。
□⑪ 裁縫道具を持っていく。
□⑫ 卵入りの雑炊を食べる。
□⑬ かまどでご飯を炊く。
□⑭ ぼた餅を仏前に供える。
□⑮ 名物の煎餅（せん）を買う。
□⑯ すいかの種を吐き出す。
□⑰ つらい心情を吐露する。
□⑱ 弟のいたずらを叱る。
□⑲ 父に叱責される。
□⑳ 友達の名前を叫ぶ。
□㉑ コースターに乗り絶叫する。

言葉2

□㉒ 先生のお宅へ伺う。
□㉓ 市長が来賓として出席する。
□㉔ 親切な行為を受ける。
□㉕ 謙譲語を正しく使う。
□㉖ 財産を孫に譲る。
□㉗ 芳名を書く紙を用意する。
□㉘ 御社への就職を希望します。
□㉙ 工作機械を制御する。
□㉚ 御用を承ります。
□㉛ 愚見を申し述べる。
□㉜ 愚かな行いを恥じる。
□㉝ 弊社にお招きする。
□㉞ 拙著を進呈する。
□㉟ 拙い文章で恐縮です。
□㊱ 記念に粗品を贈る。
□㊲ 目が粗い網でより分ける。
□㊳ ゆっくりとお風呂（ふ）に入る。
□㊴ 俳諧に親しむ。

2 次の□に共通して当てはまる漢字を書きなさい。

字のない葉書

□ 神□・宮□・□様

（　　）

3 次の——線の語句の意味を後から選び、記号で答えなさい。

字のない葉書

□① 友人は三日にあげず家に来て、説得を続けた。（　　）
□② 新しい制服を着るのは、なんだかこそばゆかった。（　　）
□③ 彼は折り目正しく挨拶をした。（　　）
□④ 昔話の主人公は、おにから命からがら逃げ出した。（　　）
□⑤ 勉強をおろそかにして、テレビに夢中になる。（　　）
□⑥ 弟は遠足の朝、とてもはしゃいでいた。（　　）

ア 浮かれて騒ぐ。
イ 何とかいのちだけは失わずに。やっとのことで。
ウ いいかげんにしたり、軽く扱ったりする様子。
エ 間をあけず。しばしば。
オ 行儀作法をわきまえている様子。
カ くすぐったい。照れくさい。

4 次の——線と同じ漢字が使われた熟語を後から選び、記号で答えなさい。

言葉2

□① こちらで御用向きをウケタマワります。（　　）
ア 了承　イ 恩恵　ウ 受領

□② 勢いにまかせてオロかな決断をしてしまった。（　　）
ア 片隅　イ 愚作　ウ 配慮

□③ 外国人に道を尋ねられ、ツタナい英語で説明した。（　　）
ア 拙宅　イ 接続　ウ 汚職

5 正しい敬語になるように、（　）に当てはまる語句を下から選び、記号で答えなさい。

言葉2

□① 先生がおはようと（　　）。
ア 申しあげた
イ おっしゃった

□② 母が先生を（　　）。
ア ご案内します
イ ご案内されます

□③ 来賓の方が会場内を（　　）。
ア 拝見する
イ ご覧になる

□④ お客様がケーキを（　　）。
ア いただく
イ 召しあがる

6 次の（　）に当てはまる語句を下から選び、記号で答えなさい。

言葉2

□

動詞	尊敬語	謙譲語
行く・来る	①（　　） おいでになる	参る 伺う
言う	②（　　）	申す ③（　　）
見る	④（　　）	⑤（　　）
する	⑥（　　）	⑦（　　）

ア 申しあげる
イ ご覧になる
ウ 拝見する
エ いたす
オ なさる
カ いらっしゃる
キ おっしゃる

確認ドリル 2

④ 人間のきずな

解答 109ページ

学習日　／　／

1 次の片仮名を漢字で書きなさい。

字のない葉書

□① 寒さでトイキが白くなる。
□② 部下をシッセキする。
□③ ホウゴウ手術をする。
□④ 正月にモチを食べる。
□⑤ トノサマのような生活。
□⑥ 車酔いでハき気を催す。
□⑦ 成人のギシキに出席する。
□⑧ 驚いてゼッキョウする。
□⑨ 規則を破りシかられた。
□⑩ モメンのシャツを着る。
□⑪ イギリス国王のキュウデン。
□⑫ 雪解けでジハダがのぞく。
□⑬ 山頂から大声でサケぶ。
□⑭ 「○○ドノ」と手紙に書く。
□⑮ 煎ベイを食べる。
□⑯ 兄は照れショウだ。
□⑰ タきたてのご飯。
□⑱ 祖母が着物をヌう。
□⑲ 乙姫の住む御テン。
□⑳ 大きな声でアイサツをする。
□㉑ 姉の得意料理はゾウスイだ。

言葉2

□㉒ 社名にオンチュウを付ける。
□㉓ オロかな言動をたしなめる。
□㉔ 首相がコクヒンをもてなす。
□㉕ ツタナい演奏を恥じる。
□㉖ 迷惑なコウイを罰する。
□㉗ 京都ゴショを見学する。
□㉘ 粒のアラい砂利。
□㉙ 怒りをセイギョする。
□㉚ ソアクな製品を処分する。
□㉛ 社長におウカガいを立てる。
□㉜ 電車で席をユズる。
□㉝ 風ロの掃除をする。
□㉞ ケンキョな人柄。
□㉟ セッチョが出版される。
□㊱ 相手の意見にジョウホする。
□㊲ ハイカイの文学性を高める。
□㊳ 長距離走でヒヘイする。
□㊴ グにもつかない考えだ。
□㊵ ホウメイ帳に名前を書く。

2 次の（　）に共通して当てはまる漢字を、□に書きなさい。 字のない葉書

□① ・母は心配（　）だ。 ・彼女は優しい（　）格だ。 □

□② ・一人暮らしの兄は、自（　）を始めた。 ・調理実習で、ご飯を（　）く。 □

□③ ・破れたズボンを（　）う。 ・家庭科の授業で裁（　）セットを使う。 □

3 次の各文から使い方の誤っている敬語を抜き出して上の（　）に書き、正しい敬語を下の（　）に書きなさい。 言葉2

□① 森先生が、私の絵を拝見した。 （　）→（　）

□② 父が先生を我が家にお招きになる。 （　）→（　）

□③ お客様が家においでになられる。 （　）→（　）

□④ 校長先生が申しあげる話に耳を傾ける。 （　）→（　）

4 下の意味の語句になるように、（　）に漢字一字を書きなさい。 字のない葉書

□① （　）からがら （やっとのことで。どうにか助かって。）

□② （　）の打ちどころのない （欠点がなく、理想的な。）

5 次の□に当てはまる尊敬語・謙譲語を作る漢字を後から選び、書き入れなさい。 言葉2

・尊敬語

□① 御□名と御住所をお書きください。

□② □校の歴史はすばらしい。

□③ 御□父にお目にかかりたい。

貴　尊　芳

・謙譲語

□④ □見を述べる。

□⑤ □社の商品です。

□⑥ □品をお受け取りください。

弊　愚　粗

基本ドリル 3

❹ 人間のきずな

解答 109ページ

学習日 ／ ／

1 次の漢字の読み方を書きなさい。

漢字2

□① 誤診の疑いをもつ。
□② 内科の医師に診てもらう。
□③ 深く陳謝いたします。
□④ 酪農の仕事を志す。
□⑤ しみじみと感慨にふける。
□⑥ 紳士的な態度が称賛される。
□⑦ 福祉政策が充実した地域。
□⑧ 倫理委員会が設けられる。
□⑨ 問題の解決を図る。
□⑩ 議案を委員会に諮る。
□⑪ 文部科学省の諮問機関。
□⑫ オーケストラの指揮を執る。
□⑬ 原稿の執筆を断る。
□⑭ やりとげる執念をもつ。
□⑮ お寺の鐘をつく。
□⑯ 専門家が警鐘を鳴らす。
□⑰ 巨大な仏像を鋳る。
□⑱ 銅貨を鋳造する。
□⑲ 浸水を防ぐ対策を行う。
□⑳ 冷たい水に手を浸す。
□㉑ 大敗の苦汁を飲まされる。
□㉒ 毎朝みそ汁を作る。

①	②
③	④
⑤	⑥
⑦	⑧
⑨	⑩
⑪	⑫
⑬	⑭
⑮	⑯
⑰	⑱
⑲	⑳
㉑	㉒

□㉓ 苦渋の決断を迫る。
□㉔ 渋い表情で首を横に振る。
□㉕ 他人の行動に干渉する。
□㉖ 平衡感覚を失う。
□㉗ 自由を享受する。
□㉘ ボールの軌跡を追う。

漢字に親しもう3

□㉙ 給食を配膳する係。
□㉚ 海藻を食事に取り入れる。
□㉛ 藻の陰に魚が潜む。
□㉜ ビタミンCを摂取する。
□㉝ しょうゆを醸造する工場。
□㉞ 巣から蜂蜜を採集する。
□㉟ 彼は麺類が好きだ。
□㊱ 煎茶をいれる。
□㊲ コーヒー豆を煎る。
□㊳ ひびをセメントで充塡する。
□㊴ 絵画展で佳作を受賞する。
□㊵ 凹凸のある道を歩く。
□㊶ 募金を呼びかける。
□㊷ 祖母へのなつかしさが募る。
□㊸ 過剰な包装を控える。
□㊹ 洗剤で洋服を洗う。

㉓	㉔
㉕	㉖
㉗	㉘
㉙	㉚
㉛	㉜
㉝	㉞
㉟	㊱
㊲	㊳
㊴	㊵
㊶	㊷
㊸	㊹

□㊺ 紅葉した葉が夕日に映える。
□㊻ 休みの過ごし方を省みる。
□㊼ 政治家が自伝を著す。
□㊽ 彼女を部長に推す。
□㊾ ブラウスを作る布地を裁つ。
□㊿ テスト前なので漫画を断つ。

㊺	㊻
㊼	㊽
㊾	㊿

2 次の――線と同じ漢字が使われた熟語を後から選び、記号で答えなさい。

漢字2

□① 工作機械の操作をアヤマる。　ア 娯楽　イ 誤解　ウ 謝意　（　）
□② 日々の生活の充実をハカる。　ア 測定　イ 諮問　ウ 意図　（　）
□③ 市役所の住民課の窓口で事務をトる。　ア 採用　イ 撮影　ウ 執筆　（　）
□④ 彼は足がハヤく、学年トップの記録をもつ。　ア 早計　イ 速達　ウ 迅雷　（　）
□⑤ 危険をオカしてでも必ず助けに行く。　ア 冒険　イ 帽子　ウ 犯行　（　）

漢字に親しもう3

□⑥ からまった糸をタつ。　ア 決裁　イ 絶対　ウ 判断　（　）
□⑦ 自伝をアラワす。　ア 現実　イ 図表　ウ 著書　（　）
□⑧ 黒い服に赤いリボンがハえる。　ア 映画　イ 生物　ウ 貼付　（　）

3 次の各組の□に共通して当てはまる漢字を書きなさい。

漢字2

□① □係・□心・□節　（　）
□② 掲□・指□・提□　（　）

4 次の熟語と同じ構成のものを下から選び、記号で答えなさい。

漢字に親しもう3

□① 寒暖　（　）
□② 握手　（　）
□③ 小声　（　）
□④ 充足　（　）

ア 募集　イ 調剤
ウ 進退　エ 油膜

5 次の（　）に当てはまる語句を下から選び、書き入れなさい。

漢字2

□① 矢で的を（　）。【射る・入る・鋳る】
□② 友人の行動に（　）する。【干渉・観賞・感傷】
□③ 二台の車が（　）して走る。【平衡・並行・閉口】

漢字に親しもう3

□④ 豚肉からたんぱく質を（　）する。【接種・摂取】
□⑤ 父は（　）サラダが好きだ。【改装・海藻】

確認ドリル 3

④ 人間のきずな

解答 110ページ

学習日 ／ ／

1 次の片仮名を漢字で書きなさい。

漢字2

① 政府のシモン機関。
② イガタに銅を流し込む。
③ フクシの仕事に就く。
④ シッピツした小説を届ける。
⑤ 法案を議会にハカる。
⑥ 便利さをキョウジュする。
⑦ 改革にシュウネンを燃やす。
⑧ カンガイを込めた手紙。
⑨ 仏像をチュウゾウする。
⑩ 一対一のキンコウを破る。
⑪ 豆腐のみそシル。
⑫ 飽食の時代へのケイショウ。
⑬ 医師が患者（かんじゃ）をミる。
⑭ 作業の合理化をハカる。
⑮ 優勝の喜びにヒタる。
⑯ ラクノウ業に従事する。
⑰ シンシ服をあつらえる。
⑱ 往年の女優のキセキをたどる。
⑲ 会議で発言をシブる。
⑳ 商品をチンレツ棚に並べる。
㉑ 得意先への値段コウショウ。
㉒ 大臣が政務をトる。
㉓ リンリを重んじる社会。
㉔ 船内へのシンスイを防ぐ。
㉕ ハンバーグのニクジュウ。
㉖ 除夜のカネが聞こえる。
㉗ 人生のクジュウを味わう。
㉘ 上司の意向をダシンする。

漢字に親しもう3

㉙ 池にモが繁殖する。
㉚ 給食ではメンルイが人気だ。
㉛ センザイを使って洗う。
㉜ 乱れた起床（きしょう）時間をカエリみる。
㉝ 雪景色にハえる神社の鳥居。
㉞ カジョウに心配する。
㉟ トツレンズで光を集める。
㊱ 偉人の伝記をアラワす。
㊲ 駅前でボキン活動をする。
㊳ 彼を学級委員にオす。
㊴ ジュウジツした生活を送る。
㊵ 寸法通りに生地をタつ。
㊶ 展覧会のカサクに選ばれる。
㊷ 退路をタつ覚悟だ。
㊸ オウメンキョウの焦点。
㊹ ごまをイる。

□㊺ 夕食のハイゼンを手伝う。
□㊻ ウイスキーのジョウゾウ。
□㊼ 祖母はセンチャをよく飲む。
□㊽ 故郷への思いがツノる。
□㊾ 十分な栄養をセッシュする。
□㊿ 財政赤字をホテンする。
□51 パンにハチミツをぬる。
□52 好きなカイソウはわかめだ。

㊺	㊻
㊼	㊽
㊾	㊿
51	52

2 次の——線の語句を漢字と送り仮名で書きなさい。 漢字2

□① 医者が患者の脈をみる。（　　　）

□② あつい辞書を買う。（　　　）

3 次の□に、縦・横ともに一つの熟語となるように、漢字を入れなさい。 漢字に親しもう3

□① 補↓□↓足　拡→□→実

□② 応↓□↓集　急→□→金

4 次の（　）に当てはまる同音異義語を、後の漢字を組み合わせて作りなさい。 漢字2

□① きょうい
(1) 大自然の（　　　）に感動する。
(2) 身体測定で（　　　）を測る。
(3) 隣国の核開発が（　　　）となる。
【脅　胸　驚　威　囲　異】

□② かんしょう
(1) 子供への過度な（　　　）を避ける。
(2) クラシック音楽を（　　　）する。
(3) 失恋の（　　　）にふける。
【感　鑑　干　賞　渉　傷】

□③ へいこう
(1) いたずら電話に（　　　）する。
(2) 鉄道と道路が（　　　）して走る。
(3) 心の（　　　）を保つのが難しい。
【並　平　閉　行　衡　口】

5 論理を捉えて

教科書 124▼146 ページ

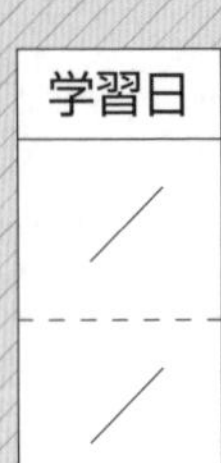

モアイは語る――地球の未来

教科書 124▼131 ページ

新出漢字

漢字	読み方	部首	画数	筆順	用例
P124 巨	キョ	工 たくみ え	5画	丨 厂 戸 巨	**巨額**の資金をつぎ込む。**巨大**なビルを設計する。成功して**巨万**の富を築く。
P124 孤	コ	子 こへん	9画	孑 孒 孤 孤 孤	のら犬が**孤独**にさまよう。**孤高**を貫く人。**孤島**に渡りキャンプをする。
P124 膨	ボウ ふくらむ ふくれる	月 にくづき	16画	月 肺 脻 膨 膨	**膨大**な資料から探す。将来の夢が**膨らむ**。荷物でかばんが**膨れる**。
P125 謎	なぞ	言 ごんべん	16画	言 訁 詸 謎 謎	宇宙の**謎**を解き明かす。**謎謎遊び**をする。
P125 栽	サイ	木 き	10画	土 丰 耒 栽 栽 栽	さまざまな花を**植栽**する。**盆栽**を大事に育てる。
P125 培	バイ (つちかう)	土 つちへん	11画	土 圹 坹 垃 培 培	試験管で菌を**培養**する。畑の**栽培作物**を決める。ゆっくりと友情を**培**(つちか)**う**。

漢字	読み方	部首	画数	筆順	用例
P126 凝	ギョウ こる こらす	冫 にすい	16画	冫 冫 冸 凝 凝 凝	**凝灰岩**(かい)を含む地層。**凝った**作品を作る。イベントに工夫を**凝らす**。
P126 抵	テイ	扌 てへん	8画	扌 扌 扎 抵 抵 抵	**大抵**の人が知る事実。法に**抵触**しない方法を探す。威圧的な態度に**抵抗**(こう)する。
P126 搬	ハン	扌 てへん	13画	扌 扚 搬 搬 搬	資材をトラックで**運搬**する。倉庫への**搬入作業**を手伝う。貨物列車で荷物を**搬送**する。
P127 堆	タイ	土 つちへん	11画	土 圵 坩 堆 堆	海底の**堆積物**を研究する。生ごみから**堆肥**を作る。
P127 徐	ジョ	彳 ぎょうにんべん	10画	彳 彸 徐 徐 徐	車が安全のため**徐行**する。川の水かさが**徐々に**増える。
P127 薪	シン たきぎ	艹 くさかんむり	16画	艹 荁 薪 薪 薪	母の**薪水**の労をねぎらう。**薪炭**を販売する店。暖炉に**薪**をくべる。
P127 棄	キ	木 き	13画	亠 云 去 奋 奋 棄	遺産の相続を**放棄**する。**自暴自棄**になる。ゴミの**投棄**を禁ずる。
P128 侵	シン おかす	亻 にんべん	9画	亻 仁 伊 侵 侵 侵	**無断侵入**を禁止する。隣国の領土を**侵食**する。自由を**侵す**ことは許さない。

漢字	読み	部首・画数	筆順	用例
P128 **抗**	コウ	扌 てへん 7画	扌 扌 扌 扩 抗	内部の**抗**争を制圧する。クラス対**抗**リレーに出る。不当な意見に**抗**議する。
P128 **頻**	ヒン	頁 おおがい 17画	⺊ 止 步 步 頻 頻	**頻**出する問題を学習する。使用の**頻**度が高い言葉。**頻**発する事件に頭を悩ます。
P128 **崩**	ホウ くずれる くずす	山 やま 11画	山 屵 岸 崩 崩	大雨で崖が**崩**壊する。砂で作った城が**崩れる**。暑さで体調を**崩す**。
P129 **恒**	コウ	忄 りっしんべん 9画	忄 忙 忯 恒 恒	自主練習が**恒**常化する。**恒**星は自ら光を発する。**恒**久の平和を願う。
P129 **飢**	キ うえる	食 しょくへん 10画	𠆢 今 食 食 飣 飢	**飢餓**(が)をなくすため活動する。昔は**飢える**人々が多かった。**飢え**に苦しむ人々を救う。
P129 **餓**	ガ	食 しょくへん 15画	食 食 飣 餓 餓 餓	**餓**死から子供たちを救う。戦時中は**飢餓**に直面した。
P129 **漆**	シツ うるし	氵 さんずい 14画	氵 汁 泮 漆 漆 漆	**漆**黒の長い髪をゆう。美しい**漆**器を購入する。**漆**をぬって仕上げる。
P129 **獄**	ゴク	犭 けものへん 14画	ノ 犭 犭 狺 獄 獄	地**獄**で仏に会ったようだ。**獄**舎に見張りを立てる。**獄**中の生活は苦しい。

新出音訓

（□は新しく習う読み方）

漢字	読み方	用例
P126 灰	[カイ] はい	凝灰岩について調べる。

書き誤りに注意

栽

▼同じ「サイ」という音をもつ「載」や「裁」とは、形も似ているので書き誤りやすい。それぞれ部首は、「栽」が「木（き）」、「載」は「車（くるま）」、「裁」は「衣（ころも）」である。

徐

▼同じ「ジョ」という音をもつ「除」と混同しないように、意味を捉えて正しく書く。

・徐…ゆっくりしているという意味。
　例 徐々に・徐行（車がゆっくり走ること。）

・除…取りのぞく／割る、という意味。
　例 除去・削除／除法（割り算のこと。）

侵

▼「シン」という同じ音読みをもつ「浸」と書き誤らないように注意する。

・侵…領域をおかして入り込む。「侵入」「侵略」など。

・浸…水につける。浸す。「浸水」「浸透」など。

部首に注意

凝

▼「冫（にすい）」を「氵（さんずい）」にしないように注意する。「冫」は氷を表す部首で、「凝」は凍ってこりかたまるという意味をもつ。

重要な語句

◆は教科書中にある「注意する語句」

124ページ

◆4 **絶海** 陸地から遠く離れた海。

4 **孤島** 海上に遠く離れて一つだけぽつんとある島。

6 **(…にも)満たない** (…にも)足りない。(…)以下の。

◆9 **いったい** 疑問を強める言葉。本当に。
文 いったいなぜそんなことを言ったのだ。

9 **膨大** 非常に多いこと。

125ページ

◆10 **判明** 明らかになること。

13 **遺跡** 過去に建築物があった場所。

126ページ

4 **露出** あらわになること。

7 **大抵** (ここでは)全体のうちのほとんど。

14 **不可欠** なくてはならないもの。

127ページ

2 **堆積物** 地表や海底に、生物の遺骸(いがい)や鉱物などが積み重なったもの。

11 **徐々に** ゆっくりと。少しずつ。

◆13 **消滅**(しょうめつ) 消えてなくなること。類 消失

18 **放棄** (ここでは)投げ捨ててかえりみないこと。

128ページ

3 **表層** 表面の層。

3 **土壌** 土地の表面の、作物が育つ土の層。

4 **侵食** (ここでは)雨や風により陸地や岩石が削り取られること。

4 **流失** 物が流れて外に出てしまうこと。

4 **ただでさえ** 普通の状態であっても。
文 ただでさえ暑いのに、窓を閉めたらなおさらだ。

◆6 **困難** 簡単には成し遂げられないこと。対 容易

◆7 **ままならない** 思いどおりにならない。
文 足をくじいて、外出もままならない。

◆9 **直面** 物事に直接対すること。
文 少子化の進む日本は労働力不足に直面しつつある。

11 **抗争** 張り合って争うこと。

11 **頻発** 短期間に同様のことがしきりに起きること。類 多発

13 **崩壊** 崩れ、壊れること。

◆14 **根本(的)** 物事の大もとに関わる様子。

◆18 **繁栄** 豊かに栄え、発展すること。

◆20 **生命線** (ここでは)活動を続けるために重要で欠かせない事や物。
文 商品の新鮮さがこの店の生命線だ。

129ページ

2 **突破** (ここでは)ある数量を超えること。

8 **革命(的)** 従来の価値を一気にひっくり返す様子。

◆8 **革新** 古くからの習慣や制度、方法などを改めて新しくすること。対 保守

9 **恒常(化)** ある状態が変化せず一定のものになる様子。

10 **枯渇**(こかつ) (ここでは)物が尽きてなくなること。

11 **漆黒** (ここでは)うるしのように黒く光沢がある様子。

12 **…(し)尽くす** すっかり……(する)。
文 図書室の本を全て読み尽くした。

◆13 **有限** 限りがあること。対 無限

14 **方策** 物事を達成するための方法や手段。

根拠の吟味

教科書 132▼133 ページ

新出漢字

漢字	読み方	部首	画数	筆順	用例
P132 吟	ギン	口 くちへん	7画	丨 ㇕ 口 口 吟 吟 吟	**吟味**した食材で料理する。 苦**吟**して俳句を作る。 詩を高らかに**吟**じる。
P132 把	ハ	扌 てへん	7画	十 扌 扌 扌 扌 把 把	稲(いね)を一**把**に束ねる。 十**把**ひとからげ。 事態を**把**握する。
P133 致	チ いた**す**	至 いたる	10画	ム 至 到 到 到 致 致	互いの意見が一**致**する。 参考人として招**致**する。 不徳の**致す**ところである。

形に注意

把

▼右の部分の形は「巴」。「色」「巳」などと間違えやすいので正確に覚えよう。つくりが「巴」の漢字には、他に「肥」がある。

使い分けに注意

致

▼同じ訓で形が似ている「至」と使い分ける。

- 致…「(～)する」のへりくだった言い方や、引き起こすなどの意味。例私が致します／不徳の致すところ
- 至…ある場所・時・状態に行き着くなどの意味。例山頂に至る・深夜に至る・大事に至る

漢字に親しもう4

教科書 138 ページ

新出漢字

漢字	読み方	部首	画数	筆順	用例
P138 鎌	かま	金 かねへん	18画	金 金 金 金 鎌 鎌	雑草を**鎌**で刈る。 **鎌倉時代**の建物。 蛇が**鎌首**をもたげる。
P138 墳	フン	土 つちへん	15画	土 圹 坩 墳 墳 墳	弥生(やよい)時代の古**墳**を調べる。 未発掘の**墳**墓が発見される。
P138 陣	ジン	阝 こざとへん	10画	阝 阝 阝 阝 陌 陣	背水の**陣**で臨む。 **陣**頭に立って勇敢(ゆうかん)に戦う。 試合前に円**陣**を組む。
P138 拓	タク	扌 てへん	8画	扌 扌 扌 扩 拓 拓	荒野を開**拓**する。 湾の干**拓**事業を行う。 **拓**本をとる。
P138 猟	リョウ	犭 けものへん	11画	ノ 犭 犭 犭 猟 猟	**猟**犬とともに山に入る。 アラスカで**猟**師に会う。 狩**猟**の解禁日を迎える。
P138 勃	ボツ	力 ちから	9画	十 卉 孛 孛 勃 勃	戦争が**勃**発する。 新しい王朝が**勃**興する。
P138 痕	コン あと	疒 やまいだれ	11画	亠 广 疒 疒 痕 痕	噴火の**痕**跡をとどめる。 現場の血**痕**を調べる。 やけどの傷**痕**が残る。

漢字	読み方	部首	画数	用例
臆 (P138)	オク	月 にくづき	17画	**臆面**もなく口に出す。妹は**臆病**な性格だ。**臆する**ことなく質問する。
楷 (P138)	カイ	木 きへん	13画	**楷書**の文字を書く。**楷書体**の活字見本。
邸 (P138)	テイ	阝 おおざと	8画	首相が**官邸**に入る。**邸宅**を訪問する。知事に**公邸**が用意される。
骸 (P138)	ガイ	骨 ほねへん	16画	**骸骨**が寺に安置される。**形骸化**した会議だ。
該 (P138)	ガイ	言 ごんべん	13画	条件に**該当**する人物。**当該事項**を確認する。**該博**な知識をもっている。
嘱 (P138)	ショク	口 くちへん	15画	事務処理を**嘱託**している。楽曲の制作を**委嘱**する。子供の将来を**嘱望**する。
呪 (P138)	ジュ のろう	口 くちへん	8画	魔法の**呪文**を唱える。過去の**呪縛**を解く。身の不運を**呪う**。
唆 (P138)	サ （そそのかす）	口 くちへん	10画	可能性を**示唆**する。違法な集会を**教唆**扇動（せんどう）する。悪事を**唆す**（そそのか）。

新出音訓（□は新しく習う読み方）

漢字	読み方	用例
暮 (P138)	[ボ] くれる・くらす	お歳暮を選ぶ。
装 (P138)	ソウ・[ショウ] （よそおう）	劇の衣装を準備する。
業 (P138)	ギョウ・（ゴウ） [わざ]	彼の成功は努力の成せる業だ。
暴 (P138)	ボウ・[バク] （あばく）・あばれる	秘密を暴露される。

書き誤りに注意

墳

▼右側の部分が同じ「賁」の漢字に、「墳」「噴」「憤（ふん）」（↓3年）がある。いずれも音は「フン」。部首に注意する。

・墳…部首は「土（つちへん）」。例古墳・墳墓

・噴…部首は「口（くちへん）」。例噴出・噴水

・憤…部首は「忄（りっしんべん）」。例憤慨（ふんがい）・悲憤（ひふん）

臆

▼「憶」「億」は、「意」の部分と「オク」という音読みが共通し、部首が異なる漢字。「億」は数の単位で「一億」、「憶」は「記憶」、「臆」は「臆病」などと使う。また、「臆測」は「憶測」とも書くので覚えておく。

骸 **該**

▼「骸」「該」「核」は右側の「亥」の部分が同じなので、書き誤りに注意しよう。

・骸…部首は「骨（ほねへん）」。例骸骨・残骸

・該…部首は「言（ごんべん）」。例該当・当該

・核…部首は「木（きへん）」。例核心・中核

使い分けに注意

猟
▼鳥や獣をとるのが「猟」。これに対して「漁」は海、川、湖などで魚や貝をとること。「猟師」と「漁師」は読みが同じなので、文章の内容や文脈から判断して使い分ける。

業
▼「業」「技」は、どちらも「わざ」と読むので、正しく使い分ける。
・業…仕事を指す。
例離れ業を見せる。いったい誰の仕業だ。
・技…腕前や技術を指す。
例柔道の技をかける。技を磨く。

痕
▼訓読みが同じ「跡」「後」との使い分けに注意しよう。
・痕…傷あと。例手術の痕・涙の痕
・跡…以前に行われたことや存在したことが残っているしるし。例城の跡・苦心の跡・跡を継ぐ
・後…後ろ。以後。例後を追いかける・後の祭り

形に注意

勃
▼左の部分の形は「孛」で「孛」ではないので、正確に覚えよう。

読みに注意

嘱
▼「嘱（ショク）」と、「属（ゾク）」は、似た形だが、音読みが異なる。それぞれ読み誤らないように気をつける。
・嘱…例嘱託・委嘱・嘱望
・属…例属性・帰属・所属

重要な語句

138ページ

上5	陣頭	軍陣の先頭。転じて、活動の場などの第一線。
上8	勃発	事件などが突然発生すること。
上9	痕跡	過去に何かがあったことがわかるあと。
上13	楷書	漢字の書体の一つで形を崩さない書き方。
上15	該当	一定の条件に当てはまること。
下3	委嘱	特定の仕事を人に任せること。
下4	示唆	それとなく示して教えること。
下7	歳暮	世話になった礼の意味で年末に贈り物をすること。
下9	至難	大変難しいこと。
下10	暴露	秘密を暴くこと。

月夜の浜辺

教科書 144▼145 ページ

新出漢字

漢字	読み方	部首	画数	筆順	用例
P144 忍	ニン しのぶ しのばせる	心 こころ	7画	フ刀刃刃忍忍	**忍**者は**忍**術を使う。 見るに**忍び**ず本を閉じた。 足音を**忍ばせ**て近寄る。

部首に注意

忍
▼「忍」の部首は「心」。「灬（れっか）」ではないので注意しよう。同じ部首の漢字には「愚」「慈」「惑」などがある。

基本ドリル 1

⑤ 論理を捉えて

解答 110ページ

学習日 ／ ／

1 次の漢字の読み方を書きなさい。

モアイは語る

□① 巨大な石像が立つ。
□② 絶海の孤島を訪れる。
□③ 膨大な蔵書数を誇る。
□④ 桜のつぼみが膨らむ。
□⑤ 謎に包まれた人物。
□⑥ 土に適した栽培作物を選ぶ。
□⑦ 凝灰岩を加工する。
□⑧ 首の凝りをほぐす。
□⑨ 休日は大抵は家にいる。
□⑩ 野菜を運搬する。
□⑪ 湖底の堆積物を分析する。
□⑫ 徐々に人が集まってきた。
□⑬ 薪を拾い集める。
□⑭ 薪水の労をとる。
□⑮ 相続の権利を放棄する。
□⑯ 領土の侵食を警戒する。
□⑰ 隣国が国境を侵す。
□⑱ 内部で抗争が発生する。
□⑲ パソコンの故障が頻発する。
□⑳ 律令制度が崩壊する。
□㉑ 古代の遺跡が崩れる。
□㉒ 朝の学習が恒常化する。

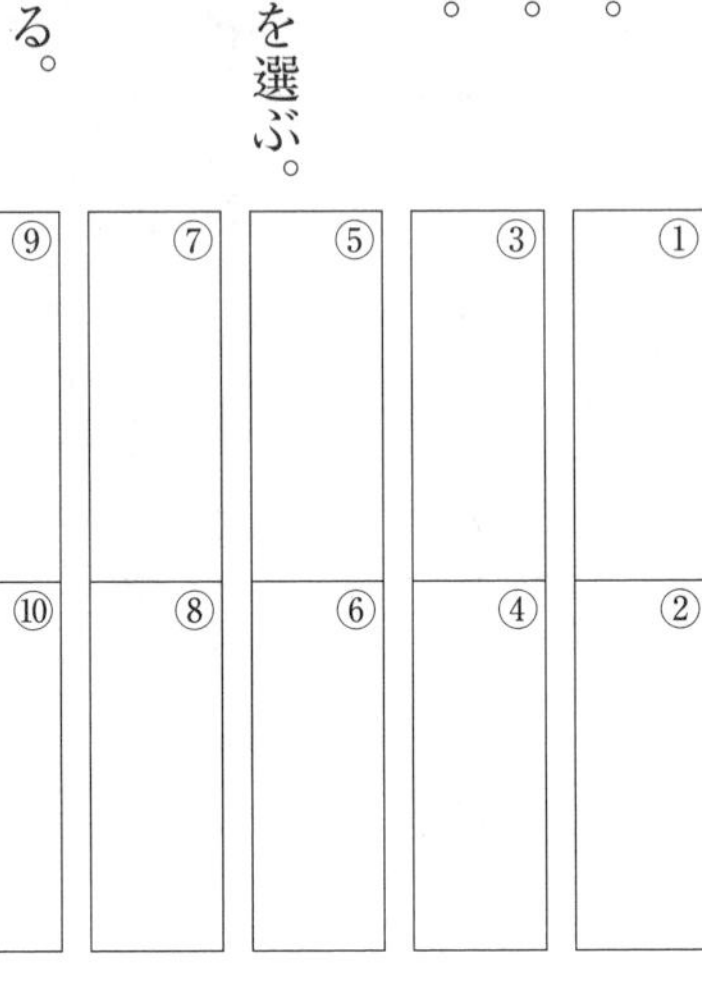

□㉓ 飢餓の主な原因は干ばつだ。
□㉔ 飢えに苦しむ人々。
□㉕ 漆黒の闇に包まれる。
□㉖ 漆ぬりの椀（わん）を使う。
□㉗ 地獄を描いた絵。

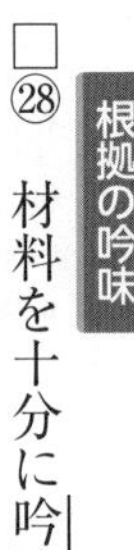

根拠の吟味

□㉘ 材料を十分に吟味する。
□㉙ 全体の数を把握する。
□㉚ 二人の意見が一致する。
□㉛ 私がご案内を致します。

漢字に親しもう4

□㉜ 鎌倉時代の年表を見る。
□㉝ 古墳を発掘する。
□㉞ 陣頭に立って指揮を執る。
□㉟ 新しい市場を開拓する。
□㊱ 縄文人は狩猟をしていた。
□㊲ 太平洋戦争が勃発する。
□㊳ 事件の痕跡をたどる。
□㊴ 傷痕を包帯で保護する。
□㊵ うさぎは臆病な動物だ。
□㊶ 楷書で丁寧に書く。
□㊷ 山の手に邸宅を構える。
□㊸ 骸骨の標本を本で見る。

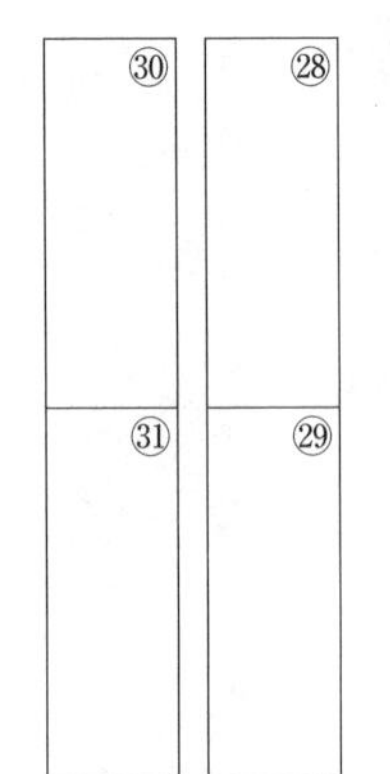

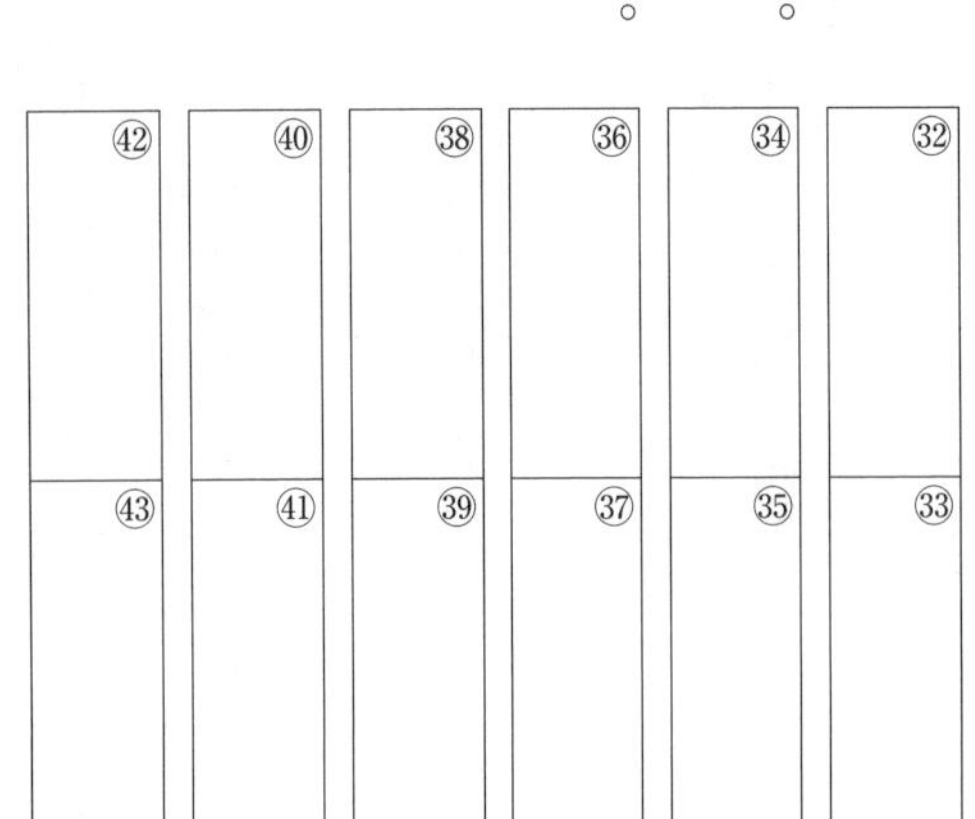

□㊹ 対象者に該当する。

□㊺ データの分析を委嘱する。

□㊻ 言葉の呪縛に捕らわれる。

□㊼ 自分の不運を呪う。

□㊽ 多くの問題を示唆する。

□㊾ 知人にお歳暮を贈る。

□㊿ 結婚式の衣装を準備する。

□(51) 一位になるのは至難の業だ。

□(52) 対戦相手の弱点を暴露する。

月夜の浜辺

□(53) その話は聞くに忍びない。

□(54) 忍術に興味をもつ。

2 次の意味の語句を後から選び、記号で答えなさい。

モアイは語る

□① あきらかになること。（　　）

□② 投げ捨ててかえりみないこと。（　　）

□③ 物事にちょくせつ対すること。（　　）

□④ 豊かにさかえ、発展すること。（　　）

□⑤ あらわになること。（　　）

□⑥ 物が尽きてなくなること。（　　）

□⑦ 雨や風により陸地や岩石が削り取られること。（　　）

ア 繁栄　イ 侵食　ウ 露出　エ 直面
オ 判明　カ 放棄　キ 枯渇（こかつ）

3 次の語句を使って短文を作りなさい。

モアイは語る

□① いったい
（　　　　）

□② ままならない
（　　　　）

4 次の――線と同じ漢字が使われた熟語を後から選び、記号で答えなさい。

漢字に親しもう4

□① オクすることなく発言する。（　　）
ア 記憶　イ 一億　ウ 臆病

□② コフン時代について研究する。（　　）
ア 墳墓　イ 噴火　ウ 粉末

□③ 試合開始前にエンジンを組む。（　　）
ア 神社　イ 陣地　ウ 迅速

□④ リョウケンを連れて狩りに行く。（　　）
ア 猟師　イ 大漁　ウ 治療

□⑤ 大富豪（だいふごう）が住むテイタク。（　　）
ア 定住　イ 宮廷　ウ 官邸

□⑥ 校則がケイガイカしないようにする。（　　）
ア 該当　イ 骸骨　ウ 概算

□⑦ 事務作業をショクタクする。（　　）
ア 嘱望　イ 接触　ウ 装飾

確認ドリル 1

⑤ 論理を捉えて

解答 110ページ

学習日 ／ ／

1 次の片仮名を漢字で書きなさい。

モアイは語る

① 工夫をコらして箱を作る。
② 探偵（たんてい）がナゾを解く。
③ ジョジョに友達が増えた。
④ 細胞をバイヨウする。
⑤ 無断シンニュウを罰する。
⑥ シッコクの闇を恐れる。
⑦ トラックでウンパンする。
⑧ セッカイ水を使った実験。
⑨ 天国とジゴク。
⑩ 燃料のシンタンを備蓄する。
⑪ タイテイは合格点を取れる。
⑫ 腹がフクれて眠い。
⑬ 他人の権利をオカさない。
⑭ 財産をホウキする。
⑮ 連立政権がホウカイする。
⑯ コトウに渡って調査する。
⑰ ボンサイを鑑賞する。
⑱ 血液がギョウコする。
⑲ 隣国とコウソウが起きる。
⑳ ストーブでタキギを燃やす。
㉑ ボウダイな資料を受けとる。
㉒ 新しい知識にウえる。
㉓ キガ問題に取り組む。
㉔ ウルシの樹脂を採取する。
㉕ 数学のヒンシュツ問題。
㉖ キョダイな大仏を拝む。
㉗ 落ち葉がタイセキする。
㉘ コウジョウ的に存在する水。
㉙ 体調をクズして欠席する。

根拠の吟味

㉚ 先人の努力に思いをイタす。
㉛ 青菜をイチワゆでる。
㉜ 情報を十分ギンミする。
㉝ 満場イッチで可決する。

漢字に親しもう4

㉞ カイショで書かれた文字。
㉟ 北海道のカイタク史。
㊱ 将来をショクボウされる。
㊲ 敵を前にオクビョウになる。
㊳ コフンの名称を暗記する。
㊴ お化け屋敷のガイコツ。
㊵ 手術のキズアトが残る。
㊶ 劇のイショウを縫う。
㊷ 海辺にテイタクを構える。
㊸ ジンチ取りのゲームをする。

①	②
③	④
⑤	⑥
⑦	⑧
⑨	⑩
⑪	⑫
⑬	⑭
⑮	⑯
⑰	⑱
⑲	⑳
㉑	㉒
㉓	㉔
㉕	㉖
㉗	㉘
㉙	
㉚	㉛
㉜	㉝
㉞	㉟
㊱	㊲
㊳	㊴
㊵	㊶
㊷	㊸

□㊹ カマクラ幕府の歴史。
□㊺ 事件の真相をバクロする。
□㊻ 変身のジュモンを唱える。
□㊼ 問題の解き方をシサする。
□㊽ シュリョウ生活をする民族。
□㊾ 父におセイボが届く。
□㊿ 動物がいたコンセキがある。
□51 ノロいが解ける物語を読む。
□52 トウガイ案件を説明する。
□53 コース完走は至難のワザだ。
□54 国境で紛争(ふんそう)がボッパツする。

月夜の浜辺

□55 ニンジャの映画を見る。
□56 シノび足で歩く。

2 次の文の（　）に当てはまる漢字一字を書きなさい。

モアイは語る

□① 温暖化防止には、省エネが不可（　　）だ。
□② 勉強法を根本（　　）に見直す必要がある。
□③ 人口増加に伴う食料不足が恒常（　　）する。
□④ 海上輸送は、日本の貿易の生命（　　）だ。

3 次の語句の類義語（＝）と対義語（↕）を後から選び、漢字で書きなさい。

モアイは語る

□① 消滅(しょうめつ)＝（　　）　□② 頻発＝（　　）
□③ 有限↕（　　）　□④ 困難↕（　　）

むげん　たはつ　ようい　しょうしつ

4 後のア・イの漢字をア→イの順に組み合わせて、熟語を六つ作りなさい。

漢字に親しもう4

□（　　）（　　）（　　）（　　）（　　）（　　）

ア　勃　教　公　嘱　臆　骸
イ　骨　興　面　唆　邸　託

5 次の（　）に当てはまる漢字を後から選び、記号で答えなさい。

漢字に親しもう4

□(1)（　）水のある公園。
(2) 古代の王の（　）墓。

【ア 墳　イ 奮　ウ 噴】

6 いにしえの心を訪ねる

教科書 148▼168 ページ

扇の的――「平家物語」から

教科書 151▼157 ページ

新出漢字

ページ	漢字	読み方	部首	画数	筆順	用例
P151	扇	セン おうぎ	戸 とだれ とかんむり	10画	一 ョ 戸 戸 肩 扇 扇	人々を**扇動**し混乱させる。 **扇状地**に水田が広がる。 **扇**を使って舞う。
P151	僅〈僅〉	キン **わずか**	亻 にんべん	12画	亻 亻艹 借 倩 僅 僅	ライバルに**僅差**で勝つ。 残りは**僅少**となった。 **僅か**○・一秒差で負けた。
P151	如	ジョ （ニョ）	女 おんなへん	6画	く 夂 女 如 如 如	**突如**、引退を表明する。 **欠如**した部分を補う。 真実を**如実**(にょじつ)に語る。
P151	舟	シュウ ふね ふな	舟 ふね	6画	′ 丿 力 冂 舟 舟	離島へ**舟航**する。 **舟**を海に浮かべる。 平安貴族が**舟遊び**を楽しむ。
P151	房	ボウ ふさ	戸 とだれ とかんむり	8画	ヨ 戸 戸 戸 房 房	宮中に仕えた**女房**。 寒いので**暖房**をつける。 ぶどうを一**房**もらう。
P152	綱	コウ つな	糸 いとへん	14画	糸 糹 絅 絅 網 網 綱	**綱紀**の乱れを一掃する。 会議の**要綱**をまとめる。 しっかりと**手綱**(たづな)を締める。

ページ	漢字	読み方	部首	画数	筆順	用例
P153	漂	ヒョウ **ただよう**	氵 さんずい	14画	氵 汀 浉 漂 漂 漂	ゴミが砂浜に**漂着**する。 **漂泊**の旅に出る。 室内に花の香りが**漂う**。
P154	浦	うら	氵 さんずい	10画	氵 氵 汀 浦 浦 浦	**田子**(たご)**の浦**から見る富士山(ふじ)。 **浦島太郎**(たろう)の物語を読む。
P154	堪	（カン） **たえる**	土 つちへん	12画	土 坩 堪 堪 堪 堪	**堪忍袋**(かんにん)の緒が切れる。 その任に**堪える**人物だ。 感に**堪え**ない表情。
P156	逸	イツ	辶 しんにょう しんにゅう	11画	ク 勹 㑒 免 免 逸	**逸脱**した話を元に戻す。 十年に一人の**逸材**が出る。 祖父の**逸話**を聞く。
P156	騎	キ	馬 うまへん	18画	丨 Γ 馬 騎 騎 騎	**八十余騎**の兵が迎え討つ。 体育祭の**騎馬戦**に出場する。 中世の**騎士**の物語を読む。
P156	嘲〈嘲〉	チョウ **あざける**	口 くちへん	15画	口 叶 咭 啅 嘲 嘲	**嘲笑**の的になる。 無学だと**自嘲**する。 人を**嘲る**ような態度。

新出音訓（□は新しく習う読み方）

ページ	漢字	読み方	用例
P152	手	シュ て・[た]	馬の**手綱**を引く。
P153	面	メン おも・[おもて]・（つら）	思わず**面**を伏せる。

特別な読み方をする語

152 二十歳【はたち】　152 二　十【はたち】

書き誤りに注意

綱　堪

▼「鋼」「綱」と書き誤らないようにする。「鋼（コウ）」は音読みが同じ。「綱」は形に注意。

▼「勘」と「甚」の部分が同じなので、書き間違えないように注意しよう。「堪」の部首は「土（つちへん）」、「勘」の部首は「力（ちから）」。

重要な語句

151ページ

1 旗揚げ　（ここでは）兵を集めて、戦(いくさ)を起こすこと。

4 盛り返す　勢いを回復する。

5 奇　襲　敵の不意を突く攻撃をすること。

5 たちまち　（ここでは）物事が短い時間に行われる様子。
文 そのうわさ話は、たちまち町中に広まった。

6 （あらしを）つく　悪天候などをものともせずに進む。

7 突　如　突然。だしぬけに。
文 待ち合わせの時間に遅刻しそうだと気づいた彼は、突如として走り出した。

10 双　方　関係する両者。両方。

10 みぎわ　海や湖の水が、陸地と接しているところ。水ぎわ。

152ページ

2 辞　退　遠慮して断ること。

下16 折から　（ここでは）ちょうどそのとき。
文 折からの強風にあおられて、傘が折れてしまった。

154ページ

下10 しばし　少しの間。しばらく。
文 称賛の拍手は、しばしやむことはなかった。

下13 日　輪　太陽。

下19 感に堪えない　とても感動して、それを表に出さずにはいられない様子。

155ページ

下15 歓　声　喜んで叫ぶ声。

下19 心ない　（ここでは）他人に対して思いやりがない。
文 知人の心ない一言で、ひどく傷ついた。

156ページ

3 乗じる　（ここでは）その状況を利用する。つけいる。
文 彼の断れない性格に乗じて、無理なお願いをする。

6 非　難　相手の悪い点や誤りを責めること。類 批判

下8 叔　父　父母の弟、または叔母の夫。父母の兄、または伯母の夫は「伯父」。

下11 嘲　笑　相手をばかにして、あざ笑うこと。類 冷笑

仁和寺(にんなじ)にある法師――「徒然草(つれづれぐさ)」から

教科書 158▼161 ページ

新出漢字

漢字	読み方	部首	画数	筆順	用例
P158 鋭	エイ するどい	金 かねへん	15画	𠆢 全 金 鈖 鋭	鋭利な刃物。 精鋭部隊を結成する。 彼女は鋭い感受性をもつ。

新出音訓（□は新しく習う読み方）

漢字	読み方	用例
P159 勝	ショウ かつ・**まさる**	聞きしに勝る迫力の作品。

重要な語句

158ページ

下4 任せる　（ここでは）ある状況に逆らわず、身を委ねる。
下6 とりとめもない　まとまっていない。しまりのない。
下7 あて　めあて。目的。
下8 妙に　（ここでは）不思議と。

漢詩の風景

教科書 162▼168 ページ

新出漢字

漢字	読み方	部首	画数	筆順	用例
P162 暁	（ギョウ） あかつき	日 ひへん	12画	日 旪 旿 暁 暁 暁	早暁（そうぎょう）に家を出発する。**暁**の空を眺める。成功の**暁**には祝杯をあげる。
P163 床	ショウ とこ ゆか	广 まだれ	7画	亠 广 庀 庄 床 床	毎朝六時に**起床**する。寝る前に**寝床**を整える。**床下**収納庫を家に作る。
P163 俗	ゾク	亻 にんべん	9画	亻 仒 伀 俗 俗	**民俗学**を学ぶ。**俗人**の考え。**俗事**に追われる日々が続く。
P163 凡	ボン （ハン）	几 つくえ きにょう	3画	ノ 几 凡	**平凡**な幸せを望む。**非凡**な能力を発揮する。教科書の**凡例**（はんれい）を参照する。
P163 雰	フン	雨 あめかんむり	12画	一 帀 雨 雰 雰	落ち着いた**雰**囲気をまとう。
P163 締	テイ **しまる** **しめる**	糸 いとへん	15画	糸 紅 綷 締 締	条約の**締**結にこぎつける。ひもがきつく**締まる**。会議を**締めくくる**。
P163 敷	（フ） しく	攵 ぼくにょう のぶん	15画	亘 亩 亩 旉 敷 敷	線路を荒野に**敷設**（ふせつ）する。花びらが**散り敷く**。
P164 又	また	又 また	2画	フ 又	ペン**又は**鉛筆で記入する。水泳で**又**、記録を伸ばした。本の**又貸し**を禁止する。
P165 沈	チン しずむ **しずめる**	氵 さんずい	7画	丶 氵 氵 沪 沙 沈	**沈痛**な思いを語る。夕方になり、日が**沈む**。先祖が海に**沈めた**財宝。
P165 楼	ロウ	木 きへん	13画	木 杉 柈 桜 楼	立派な**楼閣**を見上げる。**望楼**から遠くを眺める。高い**楼**から景色を見る。
P165 浪	ロウ	氵 さんずい	10画	氵 泞 泊 浪 浪 浪	お金を**浪費**せず貯金する。**浪人**の身の上。各地を転々と**放浪**する。
P166 暦	レキ こよみ	日 ひ	14画	厂 厍 厤 厤 暦 暦	**旧暦**で正月を祝う。**西暦**二〇〇〇年。**暦**の上ではもう春だ。

形に注意

暁

▼「暁」とは、夜が明けることをいう。右側の形は「焼」と同じ。筆順とあわせて確認しておこう。

覚えておこう

俗

▼同音の言葉「民俗」と「民族」を使い分ける。
・民俗…民間に伝わる生活様式という意味。
例民俗文化財・民俗芸能
・民族…人種や地域の起源が同じ集団という意味。
例民族音楽・民族意識

書き誤りに注意

雰

締

▼「零下・零細」などの「零」と書き誤らない。「雰」を使う熟語は「雰囲気」以外はほとんどない。
▼同じ「テイ」という音読みの「諦」と、「帝」の部分が同じなので、書き間違えないようにしよう。訓読みは、「締める」は「しめる」、「諦める」は「あきらめる」。

重要な語句

162ページ

6 誰しも　「誰も」を強めた言い方。誰でも。

7 いよいよ　（ここでは）物事が始まろうとしている様子。
文いよいよ明日から夏休みだ。

8 ぬくぬく　（ここでは）あたたかくて気持ちのよい様子。
文ぬくぬくとしたふとんで寝る。

9 回想　過ぎ去った出来事を思い出すこと。

163ページ

2 のどか　（ここでは）落ち着いてのんびりとしている様子。
文祖父母は、田舎でのどかに日を送っている。

3 自適　何にも縛られずに、気ままに過ごすこと。
文伯父は定年後、悠々自適の生活を送っている。

5 あくせく　ゆとりがなく、目先のことにとらわれて慌ただしい様子。
文出世のためにあくせくと働きたくはない。

5 俗人　世俗の名声や利益にとらわれ、風流を解さない人。

5 悠然　落ち着いてゆったりしている様子。
文あの猫は、犬が近づいても悠然と構えている。

9 ここぞ　この点こそ重要であると、強めていう言葉。
文普段は怠(なま)けているようでも、彼はここぞというときには目覚ましい活躍をする。

12 平凡　特別に優れたところがなく、ありふれている様子。
対非凡

15 雰囲気　その場の様子。空気。

19 余韻　（ここでは）詩などで、言外にある趣や風情(ふぜい)。

19 収束　おさまりがつくこと。類収拾

164ページ

6 うち続く　物事が切れ目なく続く。

9 いっそう　程度が強くなっている様子。ますます。

165ページ

2 あれよあれよという間　驚くほど早い様子。
文風で飛ばされた帽子は、あれよあれよという間に波がさらっていってしまった。

5 異郷　故郷を遠く離れた土地。類他郷　対故郷

基本ドリル 1

6 いにしえの心を訪ねる

解答 110ページ

学習日 ／ ／

1 次の漢字の読み方を書きなさい。

扇の的

□① きらびやかな扇を飾る。
□② 川が扇状地を形作る。
□③ 貯金が残り僅かになる。
□④ 僅差で勝利する。
□⑤ 突如として敵が現れる。
□⑥ 池に舟を浮かべる。
□⑦ 島への舟航の便がよい。
□⑧ 舟遊びを楽しむ。
□⑨ 平安時代に宮仕えをした女房。
□⑩ 一房のぶどうを兄弟で分ける。
□⑪ 姉は今年二十歳になる。
□⑫ 二十の祝いに時計を贈る。
□⑬ 手綱を引き、馬を止める。
□⑭ 自治体の要綱を調べる。
□⑮ 海中をクラゲが漂う。
□⑯ ヤシの実が漂着する。
□⑰ 不満を面に出す。
□⑱ 波が打ち寄せる浦を歩く。
□⑲ 見るに堪えない有り様だ。
□⑳ 彼の逸話を紹介する。
□㉑ 仲間の兵は八十余騎だ。
□㉒ 観衆の嘲笑を浴びる。
□㉓ 人の失敗を嘲ることはない。

仁和寺（にんなじ）にある法師

□㉔ 母は勘が鋭い。
□㉕ 彼女は鋭利な頭脳をもつ。
□㉖ 兄は弟に握力が勝っている。

漢詩の風景

□㉗ 暁の空が赤く染まる。
□㉘ 寝床に入って読書をする。
□㉙ 七時に起床する。
□㉚ 床をほうきで掃く。
□㉛ 風流を理解できない俗人。
□㉜ 平凡な結果に終わる。
□㉝ 雰囲気がよい店内。
□㉞ 体育祭を締めくくる挨拶。
□㉟ 同盟を締結する。
□㊱ 庭に落ち葉が散り敷く。
□㊲ この山に又、登りたい。
□㊳ 真っ赤な夕日が沈む。
□㊴ 沈痛な面（おも）持ち。
□㊵ 楼から大河を見下ろす。
□㊶ 江戸時代の浪人の話。
□㊷ 旧暦の正月。

①	②
③	④
⑤	⑥
⑦	⑧
⑨	⑩
⑪	⑫
⑬	⑭
⑮	⑯
⑰	⑱
⑲	⑳
㉑	㉒
㉓	
㉔	㉕
㉖	
㉗	㉘
㉙	㉚
㉛	㉜
㉝	㉞
㉟	㊱
㊲	㊳
㊴	㊵
㊶	㊷

□㊸ 月の初めに暦をめくる。　㊸

2 次の語句を使って短文を作りなさい。

□ 扇の的 たちまち
（　　　　　　　　　　）

3 次の語句が正しく使われている文を後から選び、記号で答えなさい。

□① 扇の的 心ない（　　）

ア 暗い夜道を一人で歩くのは心ない。
イ 子猫を捨てるような心ない仕打ちはできない。

□② 仁和寺にある法師 とりとめもない（　　）

ア 友人と、とりとめもない話をして過ごす。
イ 祖父からとりとめもない財産を相続した。

□③ 漢詩の風景 ぬくぬくと（　　）

ア ぬくぬくとしたふとんから、なかなか出られない。
イ 真冬の体育館はぬくぬくと寒い。

4 次の――線の語句の意味を後から選び、記号で答えなさい。

□① 扇の的 折からの冷え込みで水道管が破裂してしまった。（　　）
□② 準備ができるまで、しばし休憩とします。（　　）
□③ 相手のすきに乗じて攻め込む。（　　）
□④ 仁和寺にある法師 暇に任せてジグソーパズルを完成させる。（　　）
□⑤ 漢詩の風景 休暇を取って海辺でのどかな時間を過ごす。（　　）
□⑥ 日々の仕事にあくせくする。（　　）
□⑦ あれよあれよという間に横綱になった。（　　）

ア その状況を利用する。つけいる。
イ ある状況に逆らわず、身を委ねる。
ウ ちょうどそのとき。
エ ゆとりがなく、目先のことにとらわれて慌ただしい様子。
オ 驚くほど早い様子。
カ 少しの間。しばらく。
キ 落ち着いてのんびりとしている様子。

5 次の（　）に当てはまる語句を選び、記号で答えなさい。

□① 扇の的 陰口は聞くに（ア 絶えない　イ 堪えない）。（　　）
□② 失敗し（ア 自嘲　イ 自重）の笑いを浮かべた。（　　）
□③ 問い詰められて（ア 表　イ 面）を伏せる。（　　）
□④ 将軍どうし（ア 一騎　イ 一機）討ちになる。（　　）

確認ドリル 1

6 いにしえの心を訪ねる

解答 111ページ

学習日 ／ ／

1 次の片仮名を漢字で書きなさい。

扇の的

□① 流木がヒョウチャクする。
□② センジョウチの特徴を知る。
□③ 小川にささブネを流す。
□④ アザケるような笑い方。
□⑤ コウキの乱れを正す。
□⑥ 今日はハタチの誕生日だ。
□⑦ 聞くにタえないうわさ話。
□⑧ 運動会でツナ引きをする。
□⑨ 岩場はシュウコウの難所だ。
□⑩ 壇(だん)ノウラの戦い。
□⑪ 道徳心のケツジョが問題だ。
□⑫ ぶどうをヒトフサ買う。
□⑬ ジチョウするように笑う。
□⑭ 指名されてオモテを上げる。
□⑮ 気品がタダヨう身のこなし。
□⑯ 船頭がフナウタをうたう。
□⑰ 戦国武将のイツワを聞く。
□⑱ ワズかに成績が伸びた。
□⑲ キバセンの大将になる。
□⑳ 墓前に線香をタムける。
□㉑ 朝廷に仕えたニョウボウ。
□㉒ オウギ形の面積を求める。
□㉓ 両者の実力はキンサだ。

仁和寺(にんなじ)にある法師

□㉔ 少数セイエイのチーム。
□㉕ 聞きしにマサる元気ぶりだ。
□㉖ 爪(つめ)がスルドい動物。

漢詩の風景

□㉗ 成功のアカツキには祝おう。
□㉘ 電車、マタはバスで行く。
□㉙ 夜、ネドコで考え事をする。
□㉚ 条約をテイケツする。
□㉛ 来年のコヨミを買いに行く。
□㉜ 違反を取りシまる。
□㉝ 他国を旅するロウニン。
□㉞ 地盤のチンカを事前に防ぐ。
□㉟ ヘイボンな一日を過ごす。
□㊱ 砂上のロウカク。
□㊲ 畳にふとんをシく。
□㊳ ユカにペンを落とす。
□㊴ 日が西の海にシズむ。
□㊵ 毎朝七時にキショウする。
□㊶ キュウレキでお盆を行う。
□㊷ ゾクジを避けて生活する。

①	②
③	④
⑤	⑥
⑦	⑧
⑨	⑩
⑪	⑫
⑬	⑭
⑮	⑯
⑰	⑱
⑲	⑳
㉑	㉒
㉓	
㉔	㉕
㉖	
㉗	㉘
㉙	㉚
㉛	㉜
㉝	㉞
㉟	㊱
㊲	㊳
㊴	㊵
㊶	㊷

□㊸ ほのぼのとしたフンイキ。

㊸

2 次の（　）に当てはまる二字の熟語を、後のア・イの漢字をア→イの順に組み合わせて、作りなさい。

扇の的

□① （　　）の意見を聞いて、仲裁する。

□② 味方のチームが得点し、大きな（　　）が上がった。

□③ 国際大会への出場を（　　）する。

漢詩の風景

□④ 父は、飛行機が揺れても（　　）と構えていた。

ア　歓　辞　悠　双
イ　方　然　声　退

3 次の□に、縦・横ともに一つの熟語となるよう、漢字を入れなさい。

扇の的

□①
横↓
命→□→紀
↓領

仁和寺にある法師

□②
精↓
新→□→利
↓角

4 次の――線の語句の送り仮名が正しいものを選び、記号で答えなさい。

扇の的

□① 遅刻しそうになりあわてる。【ア　慌てる　イ　慌わてる】（　）

□② ほんの少しの時間もおしい。【ア　惜しい　イ　惜い】（　）

□③ 波間に紅の扇がただよう。【ア　漂よう　イ　漂う】（　）

漢詩の風景

□④ 着物の帯をしめる。【ア　締る　イ　締める】（　）

□⑤ 体をソファーにしずめる。【ア　沈める　イ　沈ずめる】（　）

5 次の□に当てはまる漢字を後から選び、〈　〉の意味の語句を作りなさい。

扇の的

□① □に堪えない〈とても感動して、それを表に出さずにはいられない様子。〉

□② □から〈ちょうどそのとき。〉

漢詩の風景

□③ □承□結〈詩歌や文章の構成法。〉

折　起　感　転

価値を語る／読書に親しむ

君は「最後の晩餐(ばんさん)」を知っているか

教科書 170▼183 ページ

新出漢字

漢字	読み方	部首	画数	筆順	用例
P170 剖	ボウ	刂 りっとう	10画	亠 亣 立 音 咅 剖	**解剖**学を専攻する。
P170 屈	クツ	尸 しかばね かばね	8画	コ 尸 尸 屈 屈	理**屈**に合わぬ話。 **屈折**した表現を読み解く。 **不屈**の精神をもつ人。
P170 衝	ショウ	行 ぎょうがまえ ゆきがまえ	15画	彳 彳 徝 徸 衝 衝	叫びたい**衝動**に駆られる。 車の**衝突事故**が起こる。 **衝撃**を与えた事件。
P175 芝	しば	艹 くさかんむり	6画	一 十 艹 艹 芝 芝	母と**芝居**を鑑賞する。 運動場に**芝**を植える。 **芝**の上でお弁当を食べる。
P175 紋	モン	糸 いとへん	10画	幺 糸 糸 紋 紋 紋	湖面に**水紋**が広がる。 **家紋**が付いた着物。 ふたに**紋章**が刻まれた箱。
P175 刑	ケイ	刂 りっとう	6画	一 二 チ 开 刑 刑	キリストの**磔(たっ)刑**を描いた図。 犯人の**刑事責任**を問う。 **刑法**が適用される事件。

教科書 170▼194 ページ

漢字	読み方	部首	画数	筆順	用例
P176 貌	ボウ	豸 むじな むじなへん	14画	亻 ⺈ 豸 豸 貂 貌	優れた**容貌**をもつ人。 **全貌**が明らかになる。 大きな**変貌**を遂げる。
P176 狭	（キョウ） **せまい** **せばめる** **せばまる**	犭 けものへん	9画	ノ 犭 犭 狆 狭 狭	**狭量**(きょうりょう)な人。 **狭い**通路ですれ違う。 行動範囲を**狭める**。 川幅が**狭まった**場所。
P178 〈剥〉剝	ハク **はがす** **はぐ** **はがれる** **はげる**	刂 りっとう	10画	㇇ ヨ 彔 彔 彔 剝	ペンキが**剝落**する。 切手を**剝がす**。 木の皮を**剝ぐ**。 壁紙が**剝がれる**。 ペンキが**剝げ落ちる**。
P178 彩	サイ （いろどる）	彡 さんづくり	11画	ノ ⺤ 采 采 彩 彩	春の庭は**色彩**が豊かだ。 **水彩画**を描く。 食卓を**彩る**(いろど)数々の料理。
P178 既	キ **すでに**	旡 ぶ むにょう	10画	艮 艮 旣 既 既	**既製品**の服を買う。 **既知**の事柄を説明する。 **既に**解決済みの問題である。
P179 郭	カク	阝 おおざと	11画	亠 亨 享 享 郭 郭	最初に顔の**輪郭**を描く。 **外郭**に門を造る。 中世の**城郭**が残る。
P179 嘆	タン **なげく** **なげかわしい**	口 くちへん	13画	口 吽 嗤 嘆 嘆 嘆	作品の出来ばえに**感嘆**する。 自分の身の不運を**嘆く**。 言葉の乱れは**嘆かわしい**。

新出音訓（□は新しく習う読み方）

漢字	読み方	用例
P175 弟	テイ・ダイ・デ おとうと	落語家の弟子になる。
P178 究	キュウ きわめる	俳句の道を究める。

書き誤りに注意

衝 ▼「行（ぎょうがまえ）」の中は「重」。「均衡を保つ」などの「衡」と形が似ているので注意する。

重要な語句

◆は教科書中にある「注意する語句」

170ページ

◆4 やはり　（ここでは）あれこれ考えた結果、一つのことを決める様子。結局。
文 好きなおやつなら、やはりドーナツだ。

12 衝撃　（ここでは）心を激しく揺り動かされること。ショック。

175ページ

8 落ち着き払う　少しも慌てない。

◆8 動揺　（ここでは）気持ちが揺れ動いて、不安になること。

12 ざわめき　人の話し声や音が混じり騒がしいこと。

13 水紋　水面にできる波紋。

14 構図　絵画、写真などの画面の全体の構成。

176ページ

◆1 失意　思いどおりにならず、がっかりすること。対 得意

2 託する　（ここでは）他の物事に委ねて表す。

5 容貌　顔つき。顔かたち。

9 探究　物事の価値などを深く考えて明らかにすること。

◆10 原理　物事を成り立たせる、基本的な決まり。

177ページ

◆1 偶然　予測していないことが自然に起こること。対 必然

13 合致　ぴったりと合うこと。類 一致

14 あたかも　ちょうど。まるで。
文 この絵のバラは、あたかも本物の花のようだ。

178ページ

◆5 目(ま)のあたり　（ここでは）目の前に見ること。
文 彼の神業のような包丁さばきを目のあたりにして、とても興奮した。

◆17 あくまで　どこまでも。最後まで。
文 どんな内容でも、あくまで仕事としてやるだけだ。

179ページ

2 輪郭　（ここでは）絵画で、ものの周囲を形作る線。

3 意図　こうしようと考えていること。

◆3 駆使　思いどおりに使いこなすこと。
文 英語を駆使して契約(けいやく)を取り付けた。

◆6 感嘆　感心してほめたたえること。
文 その作品のあまりのすばらしさに感嘆の声が上がった。

◆6 目を奪われる　見とれて他のものが目に入らないほど夢中になる。
関 目を凝らす　じっと見つめる。
関 目を留める　注意して見る。
関 目を引く　注意を引きつける。

漢字に親しもう5

教科書186ページ

新出漢字

教科書	漢字	読み方	部首	画数	用例
P186	洞	ドウ ほら	氵 さんずい	9画	木の幹が**空洞**になる。 彼女は**洞察力**がある。 木の**洞**をこわごわのぞく。
P186	窟	クツ	穴 あなかんむり	13画	世界一深い**洞窟**。 **岩窟**に生息するコウモリ。
P186	礁	ショウ	石 いしへん	17画	**さんご礁**の映像を見る。 **岩礁**にすむ生き物。 **座礁**した船を港に戻す。
P186	珠	シュ	王 おうへん たまへん	10画	**珠玉**の一編と評判の作品。 **真珠**のアクセサリーを買う。 **珠算**の進級試験を受ける。
P186	冥	メイ （ミョウ）	冖 わかんむり	10画	なき友の**冥福**を祈る。 **冥王星**は準惑星だ。 役者**冥利**(みょうり)に尽きる。
P186	窒	チツ	穴 あなかんむり	11画	**窒素**の濃度を調べる。
P186	岬	みさき	山 やまへん	8画	**岬**の灯台を訪ねる。 **岬**の突端に向かう。

教科書	漢字	読み方	部首	画数	用例
P186	陵	リョウ （みささぎ）	阝 こざとへん	11画	**丘陵**にすむ野鳥。 皇族の墓を**陵墓**という。 奈良時代の天皇の**陵**(みささぎ)。
P186	鶴	つる	鳥 とり	21画	千代紙で**千羽鶴**を折る。 委員長の**鶴**の一声で決まる。 **鶴**と亀の模様。
P186	鬼	キ おに	鬼 おに	10画	**鬼才**と呼ばれた作曲家。 節分に**鬼**の面をかぶる。 君が来れば**鬼**に金棒だ。
P186	柳	リュウ やなぎ	木 きへん	9画	雑誌が**川柳**(せんりゅう)を募集する。 中傷を**柳**に風と受け流す。 **しだれ柳**を庭に植える。
P186	潤	ジュン うるお**う** うるお**す** うる**む**	氵 さんずい	15画	**湿潤**な気候の土地。 大雨で大地が**潤う**。 渇いた喉を**潤す**。 悲しい話に目が**潤む**。
P186	泌	ヒツ （ヒ）	氵 さんずい	8画	皮膚(ひふ)から汗が**分泌**される。 病院の**泌尿器科**(ひにょうきか)へ通う。
P186	汎	ハン	氵 さんずい	6画	部品を他の機器に**汎用**する。 **広汎**な分野を対象にする。
P186	沃	ヨク	氵 さんずい	7画	荒野を**肥沃**な畑に変える。 一面に**沃野**が広がる。

新出音訓

（【　】は新しく習う読み方）

漢字	読み方	用例
乳（P186）	ニュウ ちち・【ち】	**乳**飲み子の世話をする。
字（P186）	ジ 【あざ】	地域を**大字**や**小字**に分ける。
故（P186）	コ 【ゆえ】	若さ**故**にできることがある。
面（P186）	メン 【おも】・おもて・（つら）	昔の**面影**の残る町並み。

書き誤りに注意

窒

▼「窯」と形が似ているので、書き誤らないように注意する。「窒」も「窯」も部首は「穴（あなかんむり）」。

日本に野生のゾウやサイがいた頃

教科書188▼189ページ

新出漢字

漢字	読み方	部首	画数	筆順	用例
滅（P189）	メツ ほろびる ほろぼす	氵 さんずい	13画	氵 汇 泝 派 滅 滅	絶**滅**の危機にある動物。 **滅**びた古代文明を調べる。 環境汚染は地球を**滅ぼす**。
哺（P189）	ホ	口 くちへん	10画	口 口一 叮 叾 哺 哺	**哺乳**類の進化を研究する。 **哺乳瓶**を熱湯で消毒する。

漢字	読み方	部首	画数	筆順	用例
豪（P189）	ゴウ	豕 いのこ ぶた	14画	亠 亯 亭 亭 豪 豪	突然の**豪雨**に見舞われる。 誕生日に**豪華**な食事を食べる。 明治の**文豪**の作品を読む。
伴（P189）	ハン バン ともなう	亻 にんべん	7画	亻 仁 仆 仁 伫 伴	父母**同伴**で学校に行く。 ピアノ**伴奏**を引き受ける。 責任を**伴う**仕事に就く。

書き誤りに注意

滅

▼「減」と形が似ているので、間違えやすい。「滅」は「滅亡・全滅」のように、「ほろびる・ほろぼす」という意味。「減」は「減点・減速・減少」など物事が「へる」意味を表すときに使う。

哺

▼つくりが「甫」の漢字には「舗」「浦」「捕」「補」などがある。書き誤りに注意しよう。

クモの糸でバイオリン

教科書190ページ

新出漢字

漢字	読み方	部首	画数	筆順	用例
弦（P190）	ゲン （つる）	弓 ゆみへん	8画	㇕ ㇕ 弓 弘 弦 弦	ギターの**弦**を張り替える。 琴は**弦楽器**の一種だ。 弓の**弦**（つる）を引き絞る。
闘（P190）	トウ たたかう	門 もんがまえ	18画	𠂉 尸 門 閆 闘 闘	悪戦**苦闘**する。 互いの**健闘**を祈る。 世の中の悪と**闘う**。

基本ドリル 1

7 価値を語る／読書に親しむ

解答 111ページ

学習日　／　／

1 次の漢字の読み方を書きなさい。

君は「最後の晩餐（ばんさん）」を知っているか

- □① 解剖学の講義に出る。
- □② 理屈のとおりに事が運ぶ。
- □③ 記事を読んで衝撃を受ける。
- □④ 芝居の幕が上がる。
- □⑤ アメンボが水紋を作る。
- □⑥ 著名な画家の弟子になる。
- □⑦ キリストが磔（たっ）刑になった丘。
- □⑧ 弟は父によく似た容貌だ。
- □⑨ 狭い家から引っ越す。
- □⑩ 相手の陣地を狭める。
- □⑪ 科学の道を究める。
- □⑫ 金めっきが剝げ落ちる。
- □⑬ 壁画の剝落を防ぐ。
- □⑭ 鮮やかな色彩の風景画。
- □⑮ 彼女は既に家を出ていた。
- □⑯ 既製のスーツを買う。
- □⑰ 人物の輪郭を描く。
- □⑱ 兄の計算能力に感嘆する。
- □⑲ 若者の本離れを嘆く。

漢字に親しもう5

- □⑳ 洞窟を探検する。
- □㉑ 木の洞に巣を作る。
- □㉒ さんご礁を保全する。
- □㉓ 真珠の指輪を磨く。
- □㉔ 冥王星の写真を本で見る。
- □㉕ 窒素の濃度を測定する。
- □㉖ 岬を巡（めぐ）るバスに乗る。
- □㉗ なだらかな丘陵が広がる。
- □㉘ 父の鶴の一声で転居する。
- □㉙ 彼がいれば鬼に金棒だ。
- □㉚ 文学界の鬼才とよばれる。
- □㉛ 柳に風と難題をこなす。
- □㉜ 俳句と川（せん）柳の違いを知る。
- □㉝ 湿潤な地域に暮らす。
- □㉞ お茶で喉を潤す。
- □㉟ 涙で目が潤む。
- □㊱ 唾液が分泌される。
- □㊲ 汎用できる機器の導入。
- □㊳ 肥沃な平野。
- □㊴ 乳飲み子を育てる。
- □㊵ 兄の住所には大字が付く。
- □㊶ 故あって都会で暮らす。

□㊷ 江戸時代の面影が残る町。

日本に野生のゾウやサイがいた頃

□㊸ 絶滅したニホンオオカミ。
□㊹ 恐竜が滅びた背景を知る。
□㊺ 博物館にある哺乳類の化石。
□㊻ 豪華な宿に泊まる。
□㊼ 常に危険を伴う仕事。
□㊽ 夫婦同伴で出席する。
□㊾ ピアノで伴奏をする。

クモの糸でバイオリン

□㊿ バイオリンの弦を替える。
□51 試験勉強に悪戦苦闘する。
□52 自由を求めて闘う。

㊷ [ ] ㊸ [ ] ㊹ [ ] ㊺ [ ] ㊻ [ ] ㊼ [ ] ㊽ [ ] ㊾ [ ] ㊿ [ ] 51 [ ] 52 [ ]

2 次の――線の語句の意味を後から選び、記号で答えなさい。

君は「最後の晩餐」を知っているか

□① 彼女が転校することを知って、とても動揺した。（　）
□② 先輩の勉強法を、あくまで参考として聞く。（　）
□③ いろいろと迷ったが、やはり行くのはやめた。（　）

ア どこまでも。最後まで。
イ あれこれ考えた結果、一つのことを決める様子。結局。
ウ 気持ちがゆれうごいて、不安になること。

3 次の□に当てはまる漢字を、下から選び、書き入れなさい。

君は「最後の晩餐」を知っているか

□① あまりに美しい光景に□をのんだ。
□② 五月の鮮やかな新緑に□を奪われた。
□③ 街中で友達の声を□にした。

目　息　耳

4 次の（ ）に当てはまる漢字を後から選び、記号で答えなさい。

漢字に親しもう5

□① (1) 消化液を分（　）する。（　）
(2) 明日の部活動には弁当が（　）須だ。（　）
【ア 必　イ 筆　ウ 泌】

日本に野生のゾウやサイがいた頃

□② (1) 休日に大型の店（　）に買い物に行く。（　）
(2) 人間は（　）乳類だ。（　）
【ア 舗　イ 哺　ウ 捕】

クモの糸でバイオリン

□③ (1) 管（　）楽団の演奏を聴く。（　）
(2) 健康のために（　）米ご飯を食べる。（　）
【ア 弦　イ 元　ウ 玄】

□④ (1) 彼のプレーは（　）志がみなぎっている。（　）
(2) 桃太郎は鬼を（　）伐した。（　）
【ア 討　イ 闘　ウ 透】

確認ドリル 1

⑦ 価値を語る／読書に親しむ

解答 111ページ

学習日 ／ ／

1 次の片仮名を漢字で書きなさい。

君は「最後の晩餐（ばんさん）」を知っているか

- ① ショウドウ買いをする。
- ② 壁紙をハぐ。
- ③ 戦国時代のジョウカク跡。
- ④ ナゲかわしい風潮。
- ⑤ 彼はリクツっぽい性格だ。
- ⑥ 事件の真相をキワめる。
- ⑦ 映画はスデに始まっていた。
- ⑧ 彼の勇気にカンタンした。
- ⑨ ケイジが事件を捜査（そうさ）する。
- ⑩ 休日に庭のシバを刈る。
- ⑪ 絵画がハクラクする。
- ⑫ この先は道幅がセバまる。
- ⑬ キセイ品のバッグを買う。
- ⑭ シキサイの美しい絵画。
- ⑮ 魚をカイボウして観察する。
- ⑯ 事件のゼンボウを知らせる。
- ⑰ 雨の滴でスイモンが広がる。
- ⑱ デシ入りが許される。
- ⑲ セマい道を通る。

漢字に親しもう5

- ⑳ シンジュの指輪を買う。
- ㉑ ドウクツの神秘的な光景。
- ㉒ 祖母のオモカゲをしのぶ。
- ㉓ 故人のメイフクを祈る。
- ㉔ 公園のヤナギが風に揺れる。
- ㉕ 大気中のチッソの量。
- ㉖ リジュンを追求する。
- ㉗ さんごショウが美しい海。
- ㉘ ウルんだ目で見つめる。
- ㉙ ヨクヤが広がる地方。
- ㉚ ツルの飛来地に立つ。
- ㉛ ハンヨウ性の高い方法。
- ㉜ チノみ子をかわいがる。
- ㉝ 木のホラをのぞき込む。
- ㉞ オニの住む島の伝説。
- ㉟ 川（せん）リュウを詠（よ）む。
- ㊱ ミサキから海を眺める。
- ㊲ 古代の天皇のリョウボ。
- ㊳ ホルモンがブンピツされる。
- ㊴ 経営者ユエの悩みがある。
- ㊵ 幹がクウドウになった老木。
- ㊶ 乾いた大地がウルオう。

□㊷ 住所にオオアザが付く。

□㊸ キサイとよばれた画家。

日本に野生のゾウやサイがいた頃

□㊹ ホロびてしまった種。

□㊺ オルガンでバンソウする。

□㊻ ホニュウ瓶を洗う。

□㊼ ゴウカな贈り物をもらう。

□㊽ 部下をトモナって渡米する。

□㊾ 青信号がテンメツする。

□㊿ 幼児のドウハンも可能です。

クモの糸でバイオリン

□(51) 夏の暑さとタタカう。

□(52) ケントウをたたえる。

□(53) ゲンガッキを担当する。

㊷	㊸
㊹	㊺
㊻	㊼
㊽	㊾
㊿	
(51)	(52)
(53)	

2 次の（　）に当てはまる語句を後から選び、書き入れなさい。

君は「最後の晩餐」を知っているか

□① 意外な人物の登場に、会場が（　　　）。

□② 感動的な音楽を使って劇を（　　　）。

□③ 修復によって、寺の建物が（　　　）。

よみがえる　ざわめく　演出する

3 次の語句の対義語（↔）と類義語（＝）を後から選び、漢字で書きなさい。

君は「最後の晩餐」を知っているか

□① 偶然↔（　　　）　□② 失意↔（　　　）

□③ 合致＝（　　　）　□④ 永久＝（　　　）

ひつぜん　えいえん　とくい　いっち

4 次の各組の（　）に共通して当てはまる漢字を、□に書きなさい。

漢字に親しもう5

□① ・（　）が出てくる昔話を読む。
・テスト直前に（　）気迫る様子で勉強する。

□② ・水をまいて乾いた花壇（かだん）を（　）す。
・湿（　）な気候で暮らす動物。

□③ ・祖父は川（せん）（　）を作るのが趣味だ。
・（　）に風と受け流す。

日本に野生のゾウやサイがいた話

□④ ・源氏が平家を（　）ぼす。
・恐竜が絶（　）した原因を調べる。

□⑤ ・冬の登山には危険が（　）う。
・マラソン大会で（　）走者を務める。

クモの糸でバイオリン

□⑥ ・（　）牛はスペインの伝統的な競技だ。
・牧師は平和のために（　）った。

8 ★ 表現を見つめる／学習を広げる

教科書 196▼289 ページ

学習日 ／ ／

走れメロス

教科書 196▼213 ページ

新出漢字

漢字	読み方	部首	画数	筆順	用例	ページ
邪	ジャ	阝 おおざと	8画	一 エ 于 牙 牙 邪	**邪悪**な考えが浮かぶ。彼は**無邪気**な性格だ。二人の関係を**邪推**する。	P196
虐	ギャク（しいた**げる**）	虍 とらがしら とらかんむり	9画	卜 广 虍 虐 虐 虐	**邪知暴虐**な王の統治。**自虐的**な発言を慎む。民を**虐**（しいた）**げる**国王を追う。	P196
婿	（セイ）むこ	女 おんなへん	12画	女 如 妒 妒 婿 婿	礼儀正しい**令婿**（れいせい）だ。**花婿**の衣装を準備する。旧家に**婿入り**する。	P196
嫁	（カ）よめ とつぐ	女 おんなへん	13画	女 妒 妒 婷 嫁 嫁	責任を**転嫁**（てんか）する。幸せそうな**花嫁**の笑顔。他家へ**嫁ぐ**。	P196
宴	エン	宀 うかんむり	10画	丶 宀 宫 宴 宴 宴	親戚を**祝宴**に招待する。**宴席**を設けて歓迎する。華やかな**宴会**を開く。	P196
賢	ケン かしこい	貝 かい	16画	戸 臣 臤 賢 賢 賢	**賢明**な判断を下す。王の信頼が厚い**賢臣**。父はとても**賢い**人だ。	P197

漢字	読み方	部首	画数	筆順	用例	ページ
吏	リ	口 くち	6画	一 厂 冂 日 吏 吏	警察官は**警吏**と呼ばれた。彼は有能な**官吏**だ。今年から**税吏**の職に就く。	P197
眉	（ビ）ミ まゆ	目 め	9画	一 コ ヨ 尸 屑 眉	**眉目秀麗**（びもく）な青年。**眉間**にしわを刻む。驚いて**眉**を上げる。	P198
乞	こう	乙 おつ	3画	ノ 𠂉 乞	日照り続きで**雨乞い**をする。王に**命乞い**をする。	P199
亭	テイ	亠 なべぶた けいさんかんむり	9画	亠 古 声 亭 亭 亭	喫茶店の**亭主**と楽しく話す。**高級料亭**で客をもてなす。	P199
睡	スイ	目 めへん	13画	目 盱 睡 睡 睡 睡	蒸（む）し暑くて**一睡**もできない。**熟睡**し、体の疲れが取れる。食事の後に**午睡**をとる。	P200
到	トウ	刂 りっとう	8画	𠫓 至 至 到 到	電車で目的地に**到着**する。夏の**到来**を告げる風物詩。彼はいつも**用意周到**だ。	P200
壇	ダン（タン）	土 つちへん	16画	圹 坊 埴 壇 壇 壇	**花壇**の手入れをする。**祭壇**に供え物を置く。**土壇場**（どたんば）に立たされる。	P200
諾	ダク	言 ごんべん	15画	言 計 誁 諾 諾 諾	先生の頼みを**承諾**する。援助の要請を**快諾**する。イラストの使用を**許諾**する。	P201

ページ	漢字	読み	部首	画数	用例
P201	郎	ロウ	阝 おおざと	9画	**新郎**と新婦が入場する。一族**郎党**が集う。
P201	涯	ガイ	氵 さんずい	11画	**生涯**にわたって学ぶ。これまでの**境涯**を振り返る。**天涯**孤独の老人と出会う。
P201	酔	スイ よ**う**	酉 ひよみのとり とりへん	11画	師に**心酔**する。手術の前に**麻酔**(ま)をかける。車や船などの乗り物に**酔う**。
P203	拳	ケン こぶし	手 て	10画	日本古来の**拳法**を習う。**拳**を振り上げる。
P203	湧	ユウ わ**く**	氵 さんずい	12画	温泉が**湧出**する。**湧水**を生活に利用する。生きる力が**湧く**。
P203	氾	ハン	氵 さんずい	5画	河川(かせん)の**氾濫**(らん)に備える。
P203	濫	ラン	氵 さんずい	18画	手形を**濫発**する。農薬の**濫用**を避ける。雨水でため池が**氾濫**する。
P203	狂	キョウ くる**う** くる**おしい**	犭 けものへん	7画	祖母と**狂言**を鑑賞する。波が**荒れ狂う**海。**狂おしい**ほどの思いに悩む。
P204	賊	ゾク	貝 かいへん	13画	峠で**山賊**に遭う。**海賊**の船を見つける。勝てば官軍負ければ**賊軍**。

ページ	漢字	読み	部首	画数	用例
P204	隙	(ゲキ) すき	阝 こざとへん	13画	**間隙**(かんげき)を縫って歩く。**隙**を見つけて休憩(きゅうけい)する。**隙間**に小銭(こぜに)が落ちる。
P204	仰	ギョウ コウ あお**ぐ** (おお**せ**)	亻 にんべん	6画	数の多さに**仰天**する。深く**信仰**する。雲ひとつない空を**仰ぐ**。**仰せ**(おお)のとおりに従います。
P204	萎	イ な**える**	艹 くさかんむり	11画	緊張して**萎縮**する。暑さで草花が**萎える**。
P204	芋	いも	艹 くさかんむり	6画	**里芋**の料理を振る舞う。**芋虫**を観察する。戦時中は**芋**のつるも食べた。
P204	傍	ボウ (かたわ**ら**)	亻 にんべん	12画	**路傍**に花が咲いている。争いを**傍観**する。**傍ら**(かたわ)に立って見守る。
P205	欺	ギ あざむ**く**	欠 あくび かける けんづくり	12画	**詐欺**(さ)**集団**が摘発される。敵を**欺く**作戦をとる。
P206	卑	ヒ (いや**しい**) (いや**しむ**) (いや**しめる**)	十 じゅう	9画	**卑劣**な敵に勝つ。いじめは**卑しい**(いや)行為だ。金銭への執着を**卑しむ**(いや)。自らを**卑しめて**(いや)はいけない。
P206	醜	シュウ みにく**い**	酉 ひよみのとり とりへん	17画	昨日の**醜態**を省みる。**醜聞**が世間を騒がす。**醜い**言い争いを止める。

漢字	読み方	部首	画数	筆順	用例
P206 **肢**	シ	月 にくづき	8画	丿 月 月⺊ 月十 肢 肢	寝床で**四肢**を伸ばす。**下肢**の筋肉を鍛(きた)える。**選択肢**を増やす。
P207 **蹴**	シュウ **け**る	𧾷 あしへん	19画	𧾷 跗 踪 踪 蹴 蹴	批判を**一蹴**する。**蹴球**のチームに加入する。小石を**蹴飛ばし**て歩く。
P208 **裸**	ラ はだか	衤 ころもへん	13画	衤 衤' 衵 裎 裸 裸	ほぼ**全裸体**で走るメロス。**赤裸々**に思いを語る。**裸**の赤ちゃんに服を着せる。
P208 **恨**	コン **うらむ** **うらめしい**	忄 りっしんべん	9画	忄 忄𠃍 忄ヨ 怛 恨 恨	**遺恨**がないように収める。人生の不遇(ふぐう)を**恨む**。準備不足が**恨めしい**。
P209 **擁**	ヨウ	扌 てへん	16画	扌 扌亠 扌亥 擁 擁 擁	我が子を固く**抱擁**する。人権を**擁護**する立場の思想。次期部長候補を**擁立**する。

新出音訓（□は新しく習う読み方）

漢字	読み方	用例
P197 **質**	シツ・[シチ]・（チ）	**人質**を解放する。
P198 **民**	ミン [たみ]	全ての**民**の幸福を願う。
P199 **報**	ホウ [むくいる]	友人に受けた恩に**報いる**。
P200 **調**	チョウ しらべる・[ととのう]・ [ととのえる]	旅に出る支度が**調う**。 煮物の味を**調える**。
P201 **蒸**	ジョウ [むす]・[むれる]・[むらす]	今年の梅雨は**蒸し**暑い。 帽子の中が**蒸れる**。 餅米を蒸気で**蒸らす**。
P203 **誠**	セイ [まこと]	**誠**の心を重んじる。
P205 **紅**	コウ・[ク] べに・くれない	**真紅**のバラが咲く。
P207 **体**	タイ・[テイ] からだ	怪しい**風体**の男性。
P211 **万**	マン・[バン]	紅白戦に勝利し**万歳**する。

形に注意

虐
▼下の部分は「E」と右側があく。「ヨ」と逆に書かないように注意する。また、同じ「虍（とらがしら）」の「虚」と書き誤らないようにする。

賊
▼右の部分は「戎」。中は「十」を書く。「戒」と、縦画を二本書いてしまいがちなので注意する。

重要な語句

◆は教科書中にある「注意する語句」

196ページ

5 **律儀**(りちぎ)　まじめで、きちんとしていること。

◆8 **竹馬の友**　幼い頃からの親しい友人のこと。

◆11 **ひっそり**　（ここでは）物音がなく、静まり返った様子。
文 雪が降り積もり、住宅街はひっそりしている。

197ページ

◆4 **はばかる**　（ここでは）差しさわりを気にしてためらう。

198ページ

◆1 問い詰める　相手を厳しく問いただす。
関追い詰める　逃げ場のないところまで追い込む。
関思い詰める　そのことをひたすら考えて悩む。
関通い詰める　同じところに何回も通う。

4 悪びれる　自分の言動を悪いと思い、恥ずかしがったり卑屈な態度を取ったりする。
文彼女は、遅刻しても全く悪びれる様子がない。

◆8 いきり立つ　激しく怒って興奮する。

8 反駁（はんばく）　他の人の意見に対して、逆に論じ返すこと。

◆12 正当　正しく、道理に合っていること。対不当

◆14 私欲　自分の利益ばかり考える心。
関私利私欲　自分の利益を優先し、それを満たそうとする身勝手な欲望。

199ページ

2 はらわた　内臓のこと。（ここでは）考えや精神。

◆4 うぬぼれる　自分が優れていると得意になる。
文彼は、陸上大会で入賞したせいでうぬぼれてしまい、練習に身が入らないようだ。

◆13 無二　二つとない大事なもの。
文彼は僕の無二の親友だ。

◆16 ほくそ笑む　思いどおりの結果になって、一人でひそかに笑う。
文安く仕入れた品物が高値で売れたので、店主は思わずほくそ笑んだ。
関ほほ笑む　にっこり笑う。
関あざ笑う　相手を見下して笑う。
関せせら笑う　相手をばかにして鼻で笑う。

200ページ

◆6 じだんだ（を踏む）　怒りや悔しさから地面を踏み鳴らすこと。
文だまされたと知って、弟はじだんだを踏んで悔しがった。

13 疲労困憊（こんぱい）　ひどく疲れて苦しむこと。

201ページ

◆10 陽気　（ここでは）明るく晴れ晴れとした様子。対陰気

◆11 満面　顔中。顔いっぱいに。
関喜色満面　喜びで満ちあふれた様子。
関得意満面　ひどく得意げな様子。

◆11 たたえる　（ここでは）感情を顔に表す。
文妹は、クッキーをもらって満面に笑みをたたえた。

◆18 未練　あきらめきれないこと。心残り。

202ページ

◆5 夢見心地（ごこち）　夢を見ているようなうっとりとした気持ち。
関夢心地　夢の中にいるような気持ち。
関夢うつつ　目が覚めず、ぼんやりしている様子。
関夢物語　夢のように覚めてしまう、はかない話。

◆13 悠々　落ち着いている様子。
関悠々閑々（かんかん）　急がずにのんきな様子。
関悠々自適　心穏（おだ）やかに自分の生活を送ること。

13 幾分　ある程度。少し。

203ページ

4 持ち前　もともと備わっている性質。生まれつき。
文立ちはだかる困難も、持ち前の明るさで切り抜けた。

◆5 はたと　（ここでは）突然新しい状況や考えが現れる様子。
文旅先で友達とはたと行き会った。

◆8 立ちすくむ　立ったまま身動きできなくなる。
文釣り橋の途中で下の谷を見てしまい、怖くて立ちすくんでしまった。

11 哀　願　同情する気持ちに訴えて、ひたすら頼むこと。

204ページ

12 猛　然　勢いの激しい様子。

◆12 ひるむ　勢いに押されて、おじけづく。
文対戦相手の気迫にひるむことなく立ち向かう。

◆19 まさしく　確かに。間違いなく。
文富士山(ふじさん)は、まさしく日本一の山だ。

205ページ

◆19 思うつぼ　思ったとおりになること。

5 みじん(もない)　少し(もない)。

◆12 精も根も尽きる　精神力も根気もなくなってしまう。

206ページ

◆1 無　心　(ここでは)迷いも疑いもない純粋(じゅんすい)な心。

◆10 独り合点(がてん)　自分ひとりでわかったつもりになっていること。
関独り占め　全て自分だけのものにすること。
関独り相撲(ずもう)　自分ひとりで張り切ること。
関独り舞台　ひとりだけ力量が勝っていること。

◆15 まさか　起こるはずがないという気持ちを表す。
文まさか新刊が売り切れることはないだろう。

207ページ

◆16 仰　天　非常に驚くこと。あきれること。
関あっけにとられる　意外なことに驚きあきれる。
関腰を抜かす　ひどく驚いて立ち上がれなくなる。
関肝を潰す　非常に驚く。

◆18 小耳に挟む　ちらりと聞く。聞くともなく聞く。
関小首をかしげる　首を傾けて考える。
関小腹が減る　ちょっとおなかが減る。

208ページ

13 胸の(が)張り裂ける　悲しみや悔しさのため、胸が破れるほどの苦しみを感じる。

209ページ

◆15 どよめく　人々がざわざわと口々に騒ぐ。

15 あっぱれ　感心するほど見事な様子。(ここでは)ほめたたえる気持ちを表して発した言葉。類立派

211ページ

◆9 まじまじ　目をすえて見る様子。
関きょろきょろ　辺りを見回す様子。
関じろじろ　無遠慮に見つめる様子。
関じっと　まっすぐ見つめる様子。

◆10 空　虚　(ここでは)価値がなく、むなしいこと。

◆19 赤　面　顔を赤くすること。

漢字に親しもう6

教科書214ページ

新出漢字

漢字	読み方	部首	画数	用例
P214 疫	エキ (ヤク)	疒 やまいだれ	9画	疫病の予防を研究する。免疫力を高める食事。疫病神(やくびょうがみ)。
		筆順：亠 广 疒 疔 疫 疫		

ページ	漢字	読み方	部首	画数	筆順	用例
P214	聴	チョウ **きく**	耳 みみへん	17画	耳 耵 聍 聴 聴	図書館で映画を**視聴**する。祖父が**補聴器**を選ぶ。講演を静かに**聴く**。
P214	痩	（ソウ） **やせる**	疒 やまいだれ	12画	广 疒 疸 疸 痩 痩	**痩身**(そうしん)で神経質そうな男。健康的に**痩せる**。**痩せ**た土地を耕す。
P214	循	ジュン	彳 ぎょうにんべん	12画	彳 彷 彷 衎 循 循	**循環器**の検査で病院に行く。バスが市内を**循環**する。
P214	癒	ユ **いえる** **いやす**	疒 やまいだれ	18画	疒 疒 疒 瘉 瘉 癒	けがが**治癒**する。心の傷が**癒える**。子犬に心が**癒やさ**れる。
P214	尿	ニョウ	尸 しかばね かばね	7画	一 コ 尸 尸 屍 尿	急に**尿意**を催す。**尿素**入りのクリーム。**尿検査**をする。
P214	膚	フ	月 にくづき	15画	⺊ 广 庐 虍 膚 膚	紫外線から**皮膚**を守る。**皮膚科**で薬を処方される。**完膚**なきまでやっつける。
P214	尚	ショウ	⺌ しょう	8画	丨 ⺌ ⺌ 尙 尚 尚	是非を問うのは**時期尚早**だ。**高尚**な理念をもった人。
P214	撤	テツ	扌 てへん	15画	扌 扩 揹 揹 撤 撤	ゴミを**撤去**する。前日の発言を**白紙撤回**する。海外市場から**撤退**する。
P214	敢	カン	攵 ぼくにょう のぶん	12画	工 干 耳 耳 敢 敢	**勇猛果敢**に挑戦する。大会で**敢闘賞**を受賞する。雨天でも体育祭は**敢行**する。

ページ	漢字	読み方	部首	画数	筆順	用例
P214	謀	ボウ （ム） （**はかる**）	言 ごんべん	16画	言 言 計 諆 諆 謀	**深謀遠慮**を巡らせる。**謀反**(むほん)を起こす。私利私欲から悪事を**謀る**(はか)。
P214	朽	キュウ **くちる**	木 きへん	6画	一 十 才 木 朽 朽	**不朽**の名作と呼ばれる。校舎が**老朽化**する。**朽ちる**ことのない名声。
P214	奨	ショウ	大 だい	13画	丨 丬 丬 将 将 奨	**奨学金**で大学へ通う。専門家が**推奨**する方法。
P214	励	レイ **はげむ** **はげます**	力 ちから	7画	一 厂 万 厉 励 励	節電と節水を**奨励**する。試験に向けて勉強に**励む**。失意の友人を**励ます**。
P214	症	ショウ	疒 やまいだれ	10画	广 疒 疔 疔 症 症	事故の**後遺症**が残る。不快な**症状**を訴える。流感の**症例**を報告する。

新出音訓

（□は新しく習う読み方）

ページ	漢字	読み方	用例
P214	川	[セン] かわ	**河川**で稚魚を放流する。
P214	機	キ [はた]	**機織り**を体験する。
P214	客	キャク・[カク]	**旅客機**の予約を取る。
P214	児	ジ・[ニ]	**小児科**に通う。

言葉3 話し言葉と書き言葉

教科書 220▼221 ページ

新出漢字

漢字	読み方	部首	画数	筆順	用例
曖 (P221)	アイ	日 ひへん	17画	日 旷 昣 曖 曖 曖	**曖昧**(まい)な返事をする。
昧 (P221)	マイ	日 ひへん	9画	日 日一 日二 昧 昧 昧	**曖昧模糊**(もこ)とした話。 読書三**昧**で過ごす。
閲 (P221)	エツ	門 もんがまえ	15画	丨 戸 門 門 閲 閲	新着図書を**閲覧**する。 新聞社の**校閲部**で働く。 **検閲**は禁止されている。

漢字3 送り仮名

教科書 222▼223 ページ

新出漢字

漢字	読み方	部首	画数	筆順	用例
肘 (P223)	ひじ	月 にくづき	7画	刀 月 月 月一 肘 肘	**肘掛け**のある椅子。 右の**肘**を曲げる。
堤 (P223)	テイ つつみ	土 つちへん	12画	土 坦 坦 埕 埕 堤	新たな**堤防**を造る。 **防波堤**で波を防ぐ。 川岸に**堤**を築く。
寿 (P223)	ジュ ことぶき	寸 すん	7画	一 三 寿 寿 寿 寿	祖父が**米寿**を迎えた。 **長寿番組**を見る。 結婚式で**寿**を述べる。
誉 (P223)	ヨ ほまれ	言 げん	13画	⺍ 丷 兴 兴 誉 誉	**名誉**ある賞をいただく。 **国民栄誉賞**が贈られる。 同郷の**誉れ**である。
薫 (P223)	(クン) かおる	艹 くさかんむり	16画	艹 芒 菩 董 董 薫	**薫風**(くんぷう)の吹く季節。 師の**薫陶**(くんとう)を受ける。 文化が**薫る**町を旅する。
懲 (P223)	チョウ こりる こらす こらしめる	心 こころ	18画	彳 徉 徨 徵 懲 懲	戒告の**懲戒処分**を科す。 失敗に**懲りず**再び挑戦する。 善を勧め悪を**懲らす**。 悪ふざけを**懲らしめる**。
謹 (P223)	キン つつしむ	言 ごんべん	17画	言 言 謹 謹 謹 謹	書き初(ぞ)めで「**謹賀新年**」と書く。 **謹製**の手拭いをいただく。 **謹んで**御礼を申しあげる。
粘 (P223)	ネン ねばる	米 こめへん	11画	⺌ 半 米 米 粘 粘	**粘土**で人形を作る。 **粘着**テープで貼り付ける。 **粘り強く**交渉する。
鍛 (P223)	タン きたえる	金 かねへん	17画	金 釒 鉅 鋁 鍛 鍛	日々の**鍛錬**を積み重ねる。 **鍛造**の技術を教わる。 心身を厳しく**鍛え直す**。

漢字	読み方	部首	画数	筆順	用例
P223 怠	タイ おこた**る** なま**ける**	心 こころ	9画	㇜ ム 台 台 怠 怠	**怠慢**な行動をやめる。 遠足の準備を**怠る**。 **怠ける**人を注意する。
P223 鈍	ドン にぶ**い** にぶ**る**	金 かねへん	12画	𠆢 金 金 釒 鈍 鈍	味に**鈍感**になる。 はさみの切れ味が**鈍く**なる。 寒さで計器の精度が**鈍る**。
P223 憂	ユウ うれ**える** うれ**い** （う**い**）	心 こころ	15画	丆 百 㥑 憂 憂 憂	**憂慮**すべき社会問題。 事態の深刻化を**憂える**。 備えあれば**憂い**なし。 **憂い**もつらいも食うての上。
P223 偏	ヘン かたよ**る**	亻 にんべん	11画	亻 仁 伊 倨 偏 偏	**偏食**を直すよう心がける。 独断と**偏見**で決める。 **偏り**のない報道をする。

新出音訓（□は新しく習う読み方）

漢字	読み方	用例
P223 操	ソウ （みさお）・[あやつ**る**]	二か国語を自由に**操る**。
P223 童	ドウ [わらべ]	音楽の授業で**童歌**を習う。
P223 朗	ロウ [ほがら**か**]	彼女は**朗らか**に歌う。
P223 健	ケン [すこや**か**]	**健やか**な暮らしを送る。

使い分けに注意

謹

▼「謹む」は「かしこまる」という意味。「控え目にする」という場合は「慎む」を使う。

読みに注意

怠

▼「怠（なま）ける」「怠（おこた）る」と二つの訓読みがある。送り仮名の違いで読み分ける。

木

教科書 228▼230 ページ

新出漢字

漢字	読み方	部首	画数	筆順	用例
P228 稲	トウ いね いな	禾 のぎへん	14画	禾 秆 秤 稻 稲 稲	日本では**水稲栽培**を行う。 田に**稲**を植える。 遠くで光る**稲妻**を見る。

形

教科書 274▼276 ページ

特別な読み方をする語

275 大和【やまと】

古典の世界を広げる

教科書 284▼289 ページ

特別な読み方をする語

285 太刀【たち】

基本ドリル 1

⑧ 表現を見つめる／☆ 学習を広げる

解答 111ページ

学習日 ／ ／

1 次の漢字の読み方を書きなさい。

走れメロス

□① 邪知暴虐で人々を苦しめる。
□② 花婿が来賓に挨拶する。
□③ 花嫁が神前に進み出る。
□④ 姉の嫁ぎ先を訪ねる。
□⑤ 祝宴で乾杯(かんぱい)の音頭(おんど)をとる。
□⑥ 賢臣が王を支える。
□⑦ 賢い犬が主人を助ける。
□⑧ 戦国大名が人質を取る。
□⑨ 警吏が見回りをする。
□⑩ 眉間にしわを寄せる。
□⑪ 派手な服装に眉をひそめる。
□⑫ 民が王に忠誠を誓う。
□⑬ 努力に報いる結果が出た。
□⑭ 捕らわれて命乞いする。
□⑮ 料理店の亭主が応対する。
□⑯ 一睡もしないまま朝になる。
□⑰ 祖母の家に到着する。
□⑱ 祭壇に花を飾る。
□⑲ 食事の支度を調える。
□⑳ 相手の承諾を得る。
□㉑ 新郎と新婦を祝う。
□㉒ 蒸し暑い日が続く。
□㉓ 詩人の生涯を本にまとめる。
□㉔ 車に酔う体質だ。
□㉕ 特定の作家に心酔する。
□㉖ 悔しくて拳を握りしめる。
□㉗ 拳法の試合を観戦する。
□㉘ 勇気が湧いてくる。
□㉙ 住民が湧水を利用する。
□㉚ 情報が氾濫する。
□㉛ 荒れ狂う波が描かれた絵。
□㉜ 狂言は日本の古典芸能だ。
□㉝ 誠を尽くす。
□㉞ 山賊を討伐する。
□㉟ よそ見をした隙に逃げ出す。
□㊱ 満天の星空を仰ぐ。
□㊲ 雷の音に仰天する。
□㊳ 日本の山岳信仰。
□㊴ 逆転されて気持ちが萎える。
□㊵ 大物を前に萎縮する。
□㊶ 芋虫がさなぎになる。
□㊷ 路傍の岩に腰掛ける。
□㊸ 真紅の花びらが開く。
□㊹ 機転をきかせて敵を欺く。
□㊺ 詐(さ)欺の犯人を逮捕(たいほ)する。
□㊻ 卑劣な行いを責める。

□㊼ 兄弟で醜い争いをする。
□㊽ 人前で醜態をさらす。
□㊾ 四肢を投げ出して眠る。
□㊿ 小枝を蹴飛ばす。
□51 蹴球のチームに入団する。
□52 学生のような風体の男。
□53 全裸体の彫刻がある。
□54 葉が落ちて木が裸になる。
□55 あいにくの天気を恨む。
□56 遺恨を晴らす。
□57 親友と固く抱擁する。
□58 万歳を大声で三唱する。

㊼	㊽
㊾	㊿
51	52
53	54
55	56
57	58

2 次の語句を使って短文を作りなさい。 走れメロス

□① まさしく
(　　　　)

□② まさか
(　　　　)

3 次の――線と同じ読みの熟語を後から選び、記号で答えなさい。 走れメロス

□ 万感の思いで見つめる。　(　　)

ア 万国旗　イ 数万円　ウ 万年筆

4 次の――線の語句の意味を後から選び、記号で答えなさい。 走れメロス

□① 生徒が帰った学校は、ひっそりしている。(　　)
□② 人目をはばかって、外出を控える。(　　)
□③ 雷鳴を聞いて、その場に立ちすくんでしまった。(　　)
□④ 彼は、自分は絵が上手だとうぬぼれている。(　　)
□⑤ ほめられて、満面に笑みをたたえる。(　　)
□⑥ いきり立った群衆が、返金を求めて窓口に殺到した。(　　)
□⑦ ここで冷静さを失っては、相手の思うつぼだ。(　　)
□⑧ 彼女の奇抜な衣装に、誰もが仰天した。(　　)
□⑨ 審判の微妙な判定に、会場はどよめいた。(　　)

ア 人々がざわざわと口々に騒ぐ。
イ 自分が優れていると得意になる。
ウ 激しく怒って興奮する。
エ 非常に驚くこと。あきれること。
オ 差しさわりを気にしてためらう。
カ おもったとおりになること。
キ たったまま身動きできなくなる。
ク 物音がなく、静まり返った様子。
ケ 感情を顔に表す。

5 次の語句の対義語を漢字で書きなさい。 走れメロス

□① 正当 ↕ (　　　　)　□② 陽気 ↕ (　　　　)

確認ドリル 1

⑧★ 表現を見つめる／学習を広げる

解答 112ページ

学習日 ／ ／

1 次の片仮名を漢字で書きなさい。

走れメロス

□① 宇宙に興味がワく。
□② ミニクい姿から変身する。
□③ ジギャク的な考えを改める。
□④ ヒトジチの命を救う。
□⑤ 特定の宗教をシンコウする。
□⑥ 詐（さ）ギの被害に遭う。
□⑦ カシコい人になってほしい。
□⑧ 要求をイッシュウする。
□⑨ 緊張でイッスイもできない。
□⑩ 流浪（るろう）のタミの物語。
□⑪ 企画のショウダクを得る。
□⑫ 脱衣所でハダカになる。
□⑬ クルおしい思いを詩にする。
□⑭ ハナムコがスピーチをする。
□⑮ 少林寺ケンポウを習う。
□⑯ 先生の恩にムクいる。
□⑰ 前髪がマユにかかる。
□⑱ 清らかなユウスイのある山。
□⑲ 実態をセキララに語る。
□⑳ シュクエンに出席する。
□㉑ 宿泊地にトウチャクする。
□㉒ イモムシが羽化する。
□㉓ サイダンの花を準備する。
□㉔ ミケンの汚れをぬぐう。
□㉕ コブシを固めて決意する。
□㉖ カンリに登用される。
□㉗ 彼を師とアオぐ。
□㉘ 手術の前に麻（ま）スイをかける。
□㉙ ボールをケリ上げる。
□㉚ スープの味をトトノえる。
□㉛ ハナヨメがほほ笑む。
□㉜ 一分のスキもない守り。
□㉝ 監視（かんし）の目をアザムく。
□㉞ シンロウが新婦の手を取る。
□㉟ 祖母が孫をホウヨウする。
□㊱ 寒さに手足がイシュクする。
□㊲ アマゴいの儀式を取り行う。
□㊳ 優勝してキョウキ乱舞する。
□㊴ 本番でシュウタイをさらす。
□㊵ シンクのバラを飾る。
□㊶ 優勝チームがバンザイする。
□㊷ びっくりギョウテンする。
□㊸ サンゾクの物語を読む。
□㊹ 画家のショウガイを描く。
□㊺ 宿泊所のテイシュと話す。
□㊻ 肉まんをムしあげる。

□㊼ 雨がウラめしい。
□㊽ 乗り物ヨいを防ぐ薬。
□㊾ マコトの情に胸を打たれる。
□㊿ 地方の農家にトツぐ。
□51 子供がムジャキに笑う。
□52 ケンシンが国王に仕える。
□53 河川のハンランを防ぐ工事。
□54 会社員らしいフウテイ。
□55 ツウコンのミスをする。
□56 複数のセンタクシがある。
□57 雨が降らず草木がナえる。
□58 ヒレツな発言をとがめる。
□59 ロボウの花を眺める。

2 次の（　）に当てはまる語句を下から選び、記号で答えなさい。

走れメロス

□① 人の熱気で部屋の中は（　　）だ。
□② 夕日を浴びて、塔が（　　）と光っている。
□③ 友の顔を（　　）と見つめた。
□④ 家に野良猫（のらねこ）が（　　）入ってきた。
□⑤ 弟は（　　）して眠そうだ。
□⑥ 疲れ果てて足がもつれ、（　　）と歩く。
□⑦ 長距離マラソン後に（　　）と呼吸する。
□⑧ うれしくて二人で（　　）と泣く。
□⑨ 両親は（　　）理解してくれなかった。

ア うとうと
イ むんむん
ウ のそのそ
エ きらきら
オ まじまじ
カ ぜいぜい
キ おいおい
ク なかなか
ケ よろよろ

3 下の意味の慣用句になるように、（　）に当てはまる語句を後から選び、書き入れなさい。

走れメロス

□① （　　）の友〈幼い頃からの親しい友人。〉
□② （　　）に挟む〈ちらりと聞くともなしに聞く。〉
□③ じだんだを（　　）〈怒り、悔しがる様子。〉
□④ 思う（　　）〈思ったとおりになること。〉
□⑤ 精も（　　）も尽きる〈気力がなくなる。〉

小耳　神　つぼ　根　踏む　竹馬

4 次の□に縦・横ともに一つの熟語となるよう、漢字を入れなさい。

走れメロス

□① 殺↓／周→□→来／↓達

□② 午↓／熟→□→魔／↓眠

基本ドリル 2

8 ★ 表現を見つめる／学習を広げる

解答 112ページ

学習日　／　／

1 次の漢字の読み方を書きなさい。

漢字に親しもう6

- ① 免疫力について研究する。
- ② 祖母は補聴器をつけている。
- ③ オーケストラの演奏を聴く。
- ④ 痩せるための食事を作る。
- ⑤ 大学で循環器について学ぶ。
- ⑥ 風邪が治癒する。
- ⑦ ピアノの音色で癒やされる。
- ⑧ 病院で尿検査をする。
- ⑨ 駅前の皮膚科に通う。
- ⑩ 計画の実行は時期尚早だ。
- ⑪ 建設計画を白紙撤回する。
- ⑫ 選手達は勇猛果敢に闘った。
- ⑬ 彼は深謀遠慮な性格だ。
- ⑭ 不朽の価値がある名画。
- ⑮ 彼女の名声は朽ちない。
- ⑯ 毎日の運動を奨励する。
- ⑰ 大会に向けて練習に励む。
- ⑱ 大学病院は症例の数が多い。
- ⑲ 河川の水質調査をする。
- ⑳ 機織りの名人。
- ㉑ 旅客機の操縦席。
- ㉒ 小児科の医者になる。

言葉3

- ㉓ 曖昧な文章を書き直す。
- ㉔ 出版社の校閲部。

漢字3

- ㉕ 肘のけがが治る。
- ㉖ 利根（とね）川の堤を歩く。
- ㉗ 防波堤を築く。
- ㉘ 新年に寿を述べる。
- ㉙ 長寿を祝う催し。
- ㉚ 彼は郷土の誉れだ。
- ㉛ 大賞の栄誉に輝く。
- ㉜ 風の薫る五月になる。
- ㉝ 小舟を操る。
- ㉞ 悪党を懲らしめる。
- ㉟ 懲戒免職になる。
- ㊱ 謹んで申しあげる。
- ㊲ 「謹製」と書かれた菓子。
- ㊳ 粘り強くライバルと戦う。
- ㊴ 粘着テープで貼る。
- ㊵ 足を鍛え直して登山に挑む。
- ㊶ 鋼（はがね）を鍛練する。
- ㊷ 部活動を怠ける。
- ㊸ 欠席の連絡を怠る。
- ㊹ 怠慢な生活を改善する。

□㊺ 疲れて思考が鈍くなる。
□㊻ 指先が冷えて鈍感になる。
□㊼ 合唱祭で童歌を歌う。
□㊽ 祖父はいつも朗らかだ。
□㊾ 健やかな生活を送る。
□㊿ 将来に憂いを抱く。
□51 憂慮すべき事態になった。
□52 人口の偏りを表した統計。
□53 偏食を直したい。

木

□54 稲妻が遠くで光る。
□55 水稲栽培をする。
□56 稲を刈る手伝いをする。

形

□57 大和の国は現在の奈良県だ。

古典の世界を広げる

□58 博物館で太刀を見る。

2 次の漢字のうち、送り仮名の正しいものを選び、記号で答えなさい。

漢字3

□① ア 暖かい　イ 暖たかい　ウ 暖たたかい　（　　）
□② ア 務る　イ 務める　ウ 務とめる　（　　）

3 次の（　）に当てはまる語句を下から選び、書き入れなさい。

漢字に親しもう6

□① 時代を超えた（　　）の名作を読む。【不急・不朽】
□② CDを購入する前に（　　）する。【試聴・思潮】

漢字3

□③ 職人が丁寧に作った（　　）の菓子。【均整・謹製】
□④ （　　）は健康を損ねる原因になる。【偏食・変色】

木

□⑤ 祖父は（　　）栽培を行っている。【出納・水稲】

4 次の各組の漢字をそれぞれ〈　〉内の漢字と組み合わせ、熟語を二つずつ作りなさい。

漢字に親しもう6

□① 特・覚　〈聴・徴〉　（　　）（　　）
□② 軽・推　〈症・奨〉　（　　）（　　）
□③ 完・任　〈赴・膚〉　（　　）（　　）

言葉3

□④ 覧・境　〈閲・越〉　（　　）（　　）

確認ドリル 2

⑧表現を見つめる／★学習を広げる

解答 112ページ

学習日 ／ ／

1 次の片仮名を漢字で書きなさい。

漢字に親しもう6

□① 病気がチユに向かう。
□② ジキショウソウと言われる。
□③ カセン沿いの道を歩く。
□④ 先生がスイショウした本。
□⑤ お菓子作りにハゲむ。
□⑥ 建築物がロウキュウカする。
□⑦ ジュンカンキ科の医師。
□⑧ 選手をゲキレイする。
□⑨ ハタオリの道具。
□⑩ ムボウな計画を立てる。
□⑪ ホチョウキを購入する。
□⑫ リョカクキを整備する。
□⑬ ユウモウカカンに攻める。
□⑭ 心の痛みがイえる。
□⑮ 古代の遺跡がクちていく。
□⑯ 毎年、ニョウケンサを行う。
□⑰ 不要な資材をテッキョする。
□⑱ 趣味は音楽をキくことだ。
□⑲ ショウニカに通院する。
□⑳ ヒフに薬をぬる。
□㉑ ヤせる思いで結果を待つ。
□㉒ 運動でメンエキ力を高める。
□㉓ 風邪のショウジョウ。

言葉3

□㉔ アイマイに言葉をにごす。
□㉕ 原稿をコウエツする。

漢字3

□㉖ 厳しいタンレンの成果。
□㉗ ボウハテイで高潮を防ぐ。
□㉘ ツツシんでお受けします。
□㉙ ネンド遊びをする。
□㉚ 社会情勢をユウリョする。
□㉛ メイヨ挽回（ばんかい）の好機となる。
□㉜ 人形をアヤツる。
□㉝ チョウカイ処分をする権限。
□㉞ 職務タイマンを許さない。
□㉟ においにドンカンになる。
□㊱ ヒジを壁にぶつける。
□㊲ ワラベウタを教わる。
□㊳ キンガ新年の貼り紙。
□㊴ 日頃の練習をオコタる。
□㊵ ウレいを帯びた表情。
□㊶ 「コトブキ」と書いた紙。
□㊷ 出発の決心がニブる。
□㊸ 風カオる五月の朝。

□㊹ 子供がスコやかに育つ。
□㊺ ホガらかに笑う。
□㊻ 川沿いにツツミを築く。
□㊼ ヘンショクによる栄養不足。
□㊽ ネバり強く説得する。
□㊾ テンジュをまっとうする。
□㊿ 精神をキタえる。
□51 名人のホマれ高い職人。
□52 部屋の掃除をナマける。
□53 悪者の鬼をコらしめる。
□54 栄養がカタヨる。

木

□55 イネ刈りの季節になる。
□56 畑でリクトウを育てる。
□57 イナサクが盛んな地域。

形

□58 ヤマトは日本の古称だ。

古典の世界を広げる

□59 時代劇の道具にタチを使う。

2 次の（　）のうち、正しいほうを選び、記号で答えなさい。

漢字3

□ 計画が（ア 著しく　イ 著るしく）進展する。（　）

3 下の漢字を組み合わせて、熟語を四つ作りなさい。

漢字に親しもう6

□ （　　）（　　）（　　）（　　）

高　退
敢　謀
陰　尚
撤　果

4 次の各組の（　）に共通して当てはまる漢字を、□に書きなさい。

漢字に親しもう6

□① ・河（　）の整備計画を立てる。
・利根（とね）（　）は日本最大の流域面積をもつ。

□② ・伯母は小（　）科の医者だ。
・（　）童公園で遊ぶ。

□③ ・旅（　）機に乗り北海道へ行く。
・会場は観（　）で埋め尽くされた。

漢字3

□④ ・（　）らかに挨拶を交わす。
・作った詩を（　）読する。

□⑤ ・子供の（　）やかな成長を祝う。
・（　）康のために毎日歩く。

□⑥ ・技術者がクレーンを巧みに（　）る。
・将来は器械体（　）の選手になりたい。

□⑦ ・眠気で判断が（　）る。
・鋭角と（　）角。

木

□⑧ ・代々、水（　）栽培をする農家。
・金色の（　）穂（ほ）が風に揺れる。

光村図書版　国語準拠

漢字・語句のガイド

解答編　2年

1 広がる学びへ

基本ドリル1　12〜13ページ

1 ①したく　②こうがい　③ろくじょうま
④たた　⑤たたみ　⑥たんしんふにん
⑦おもむ　⑧かんげい　⑨ゆいいつ
⑩ようち　⑪あや　⑫かいりき　⑬あし
⑭きゃくほん　⑮かんちが　⑯わくせい
⑰まど　⑱と　⑲さつえい　⑳ふ
㉑すいそうがく　㉒ゆうべん　㉓おばな
㉔おす　㉕きょくたん　㉖はし
㉗みちばた　㉘さび　㉙せいじゃく
㉚とつぜん　㉛つ　㉜あわ　㉝にぎ
㉞あくしゅ　㉟おおまた　㊱こかんせつ
㊲ふうとう　㊳ほうけん　㊴は
㊵ちょうふ　㊶つ　㊷おじ　㊸おじ
㊹むらさき　㊺しがいせん　㊻ほたる
㊼けいこうとう　㊽おもむき　㊾しゅみ　㊿ね
(51)しんしつ　(52)しも　(53)おど　(54)ぶよう
(55)かたむ　(56)けいこう　(57)すいしょう
(58)どじょうおせん　(59)はいすい　(60)え

2 （例）あのおばあさんの荷物はいかにも重そうだ。

3 ①イ　②カ　③オ　④エ　⑤ウ　⑥ア

4 ①たいてい　②うっかり　③がらっと
④二度と　⑤排水

確認ドリル1　14〜15ページ

1 ①脚本　②貼（張）　③慌　④赴任　⑤畳
⑥吹奏楽　⑦雄花　⑧怪力　⑨歓喜　⑩激突
⑪撮　⑫封建　⑬握　⑭畳　⑮支度
⑯困惑　⑰貼付　⑱詰　⑲近郊　⑳雄
㉑寂　㉒極端　㉓赴　㉔握手　㉕開封
㉖脚　㉗大股　㉘幼稚　㉙端　㉚突
㉛股関節　㉜六畳　㉝撮影　㉞勘違　㉟伯父
㊱怪　㊲惑　㊳静寂　㊴雄弁　㊵道端
㊶唯一　㊷吹　㊸叔父　㊹水晶　㊺舞踊　㊻蛍
㊼趣　㊽趣味　㊾踊　㊿前傾　(51)蛍光　(52)寝
(53)初霜　(54)傾　(55)紫外線　(56)寝具　(57)紫
(58)笑　(59)土壌　(60)排水

2 就職・負担・証拠

3 ①(1)郊外　(2)構外　②(1)単身　(2)短針

4 ①ゆるむ　②飛び急ぐ　③たなびく
④おこす　⑤しずむ　⑥白む

基本ドリル2　16〜17ページ

1 ①さんがく　②だけ（たけ）　③とうじょう
④かふく　⑤けいちょう　⑥とむら
⑦せんと　⑧しゅんそく　⑨もうけん
⑩しょうぞうが　⑪めんきょ　⑫じが
⑬ばくが　⑭してい　⑮しゅう　⑯め　⑰めす
⑱せいじょう　⑲にちぼつ　⑳けんぎょう
㉑か　㉒のうむ　㉓きり　㉔しまい
㉕ごくひ　㉖むちつじょ　㉗だとうせい
㉘とうほんせいそう　㉙きどあいらく

㉚あわ　㉛けいきょもうどう
㉜しっぷうじんらい　㉝げいいんばしょく
㉞くじら　㉟おんこうとくじつ　㊱ようし
㊲めいぼ　㊳きにゅうらん　㊴せんせい
㊵ちか　㊶げんこうようし　㊷しん
㊸かじょう　㊹はいけい　㊺けいたい
㊻たずさ　㊼そし　㊽そぜい　㊾かんき
㊿おうかん　(51)かんむり　(52)ほうし
(53)ぶぎょう　(54)さいこうほう　(55)みね
(56)ふくいん　(57)けびょう　(58)ぶあい
(59)さっそく　(60)しゃきょう　(61)けいはん
(62)ずし　(63)におうぞう　(64)しゅうとくぶつ
(65)じゅうまんえん

2 ①ウ　②ア

3 ①冷・救　②善・雌　③雷・営　④書・職
⑤水・肉

4 ①可能／性　②不／必要
③東／西／南／北　④国際／交流

確認ドリル2　18〜19ページ

1 ①秩序　②俊足　③雌花　④濃霧　⑤日没
⑥肖像画　⑦危篤　⑧姉妹　⑨岳
⑩喜怒哀楽　⑪雌雄　⑫妥当　⑬迅速
⑭弔辞　⑮妄言　⑯鯨飲馬食　⑰雌
⑱厚意　⑲兼業　⑳禍根　㉑極秘　㉒免許
㉓弔　㉔慶賀　㉕師弟　㉖鯨　㉗自我
㉘麦芽　㉙霧　㉚変遷　㉛奔放　㉜猛暑
㉝兼　㉞哀　㉟山岳　㊱疾走　㊲洗浄

㊳搭乗　㊴携帯　㊵喚起　㊶仮病
㊷名簿　㊸栄冠　㊹拾　㊺芯　㊻阻止
㊼奉行　㊽啓発　㊾峰　㊿福音　(51)箇所
(52)写経　(53)要旨　(54)図示　(55)冠　(56)京阪
(57)宣誓　(58)歩合　(59)携　(60)早速
(61)欄　(62)最高峰　(63)租税　(64)奉仕
(65)原稿　(66)誓　(67)拾得　(68)仁王　(69)京浜

2 ①ア　②イ　③ウ　④イ

3 ①奔・走　②口・音　③疾・迅　④大・晩

4 ①経　②示

2 多様な視点から情報社会を生きる

基本ドリル1　26〜27ページ

1 ①うか　②と　③ほきゅう　④つか
⑤けんちょ　⑥がら　⑦ちかく　⑧ほそう
⑨かんそう　⑩か　⑪こし　⑫さんらん
⑬きゅうみん　⑭ねむ　⑮もぐ　⑯せんにゅう
⑰ひそ　⑱た　⑲たいねつ　⑳かんわ
㉑ゆる　㉒れいど　㉓やわ　㉔じゅうなん
㉕ねら　㉖そげき　㉗ひっす　㉘あ
㉙そうなん　㉚こうか　㉛かた
㉜ちゅうしょう　㉝いりょうひ　㉞かべ
㉟へきが　㊱げんかん　㊲かた

2 ①療　②抽

3 (例)①恐竜の全長を推定する。
②私は英語が苦手なのに対し、妹は得意だ。
③インターネットの情報をうのみにして、物を買わないようにする。

---

4 ①エ　②オ　③ア　④ウ　⑤イ

5 ①重厚　②軟化　③前述　④有利

6 ①ア　②ウ　③ア　④イ　⑤ア　⑥イ　⑦ウ
⑧ア

確認ドリル1　28〜29ページ

1 ①柔軟　②冬眠　③必須　④舗装　⑤硬
⑥潜水　⑦遭　⑧捕獲　⑨枯死　⑩潜
⑪狙撃　⑫潜　⑬乾燥　⑭緩　⑮遭難
⑯貝殻　⑰眠　⑱狙　⑲捕　⑳甲殻
㉑零度　㉒羽化　㉓顕微鏡　㉔耐熱　㉕軟
㉖耐　㉗硬化　㉘緩急　㉙枯　㉚卵白
㉛捕　㉜壁画　㉝医療　㉞壁　㉟玄米
㊱肩車　㊲抽選

2 ①越す　②仮説

3 ①舗　②零

4 ①めったに　②なぜ　③まずは　④さらに
⑤例えば　⑥つまり

5 ①顕著　②有利　③未熟　④検証　⑤圧倒的

6 ①壁　②肩

基本ドリル2　30〜31ページ

1 ①いかん　②じあい　③よゆう　④そぼく
⑤かんだい　⑥はんざつ　⑦わずら　⑧きぐ
⑨さまた　⑩ぼうがい　⑪あ　⑫ほうわ
⑬しげ　⑭はんも　⑮ひか　⑯ごらく
⑰そんしょく　⑱かんゆう　⑲すす

⑳こんいん ㉑ごうじょう ㉒し ㉓めがみ
㉔てんにょ ㉕あ ㉖かつやく ㉗おど
㉘かいさい ㉙もよお ㉚まんが
㉛ひなんじょ ㉜さ ㉝けいさい ㉞かか
㉟の ㊱つなみ ㊲ひがい ㊳こうむ
㊴しょせき

2 ①ア ②イ

3 ①ウ ②カ ③エ ④ク ⑤キ ⑥ア ⑦オ
⑧イ

4 ①結果 ②冷静

5 ①ア ②イ ③ウ ④イ ⑤ウ ⑥ア ⑦イ

確認ドリル2 32〜33ページ

1 ①妨 ②不遜 ③慈悲 ④茂 ⑤強情
⑥裕福 ⑦飽 ⑧天女 ⑨控 ⑩寛大
⑪姻族 ⑫危惧〈惧〉 ⑬娯楽 ⑭繁茂 ⑮強
⑯女神 ⑰妨害 ⑱勧告 ⑲純朴 ⑳飽和
㉑煩雑 ㉒遺憾 ㉓煩 ㉔勧 ㉕宛名
㉖催 ㉗掲 ㉘津波 ㉙掲示 ㉚活躍
㉛被 ㉜被害 ㉝主催 ㉞載 ㉟回避
㊱躍 ㊲漫画 ㊳連載 ㊴避 ㊵書籍

2 ①控える ②舞う ③妨げる ④基づく
⑤異なる ⑥扱う ⑦招く

3 無根

4 ①姻・娯 ②遜・遺

5 ①⑴ア ⑵ウ ②⑴ア ⑵イ

6 ①肩 ②目

3 言葉と向き合う 読書生活を豊かに

基本ドリル1 38〜39ページ

1 ①たく ②かんしょう ③ていねい
④やさ ⑤すぐ ⑥まきば（ぼくじょう）
⑦あざ ⑧しんせん ⑨さわ ⑩そうかい
⑪きょうりゅう ⑫たつまき ⑬すいせん
⑭わ ⑮ゆうぜん ⑯いってき ⑰しずく
⑱ごい ⑲あわ ⑳たんすいぎょ ㉑ひ
㉒はな ㉓かどう ㉔につ ㉕のうり
㉖せいずい ㉗さ ㉘けつれつ ㉙かさ
㉚ふうりん ㉛よれい ㉜すずむし
㉝ぶたにく ㉞ようとん ㉟こうにゅう
㊱れんか ㊲しんし ㊳じっせん
㊴しんちょう ㊵つつし ㊶けいそつ
㊷がいねん ㊸きく ㊹なべ ㊺えんぴつ
㊻なまりいろ ㊼じゅよう ㊽ほんやく

2 （例）①母の買い物に、いやおうなしに付き合わされる。
②車窓からの景色はえもいわれぬ美しさだ。

3 イ

4 ①ケ ②ウ ③ク ④カ ⑤イ ⑥オ ⑦コ
⑧ア ⑨エ ⑩キ

確認ドリル1 40〜41ページ

1 ①滴 ②牧場 ③悠久 ④我 ⑤竜頭蛇尾
⑥丁重 ⑦優 ⑧爽快 ⑨水滴 ⑩鑑賞
⑪竜巻 ⑫安寧 ⑬新鮮 ⑭爽 ⑮優
⑯水仙 ⑰委託 ⑱鮮 ⑲濃淡 ⑳煮物
㉑骨髄 ㉒脳裏 ㉓華 ㉔淡 ㉕語彙〈彙〉
㉖華道 ㉗秘 ㉘実践 ㉙裂 ㉚日傘
㉛鈴 ㉜真摯 ㉝予鈴 ㉞豚肉 ㉟風鈴
㊱廉価 ㊲豚舎 ㊳慎 ㊴軽率 ㊵購読
㊶決裂 ㊷慎重 ㊸野菊 ㊹鉛 ㊺鍋料理
㊻鉛筆 ㊼必需品 ㊽概略 ㊾翻訳

2 ①賛歌 ②悠然 ③脳裏 ④精髄

3 ①エ ②イ ③ウ ④イ

4 ①危険 ②寒冷 ③伸びる ④軽い ⑤自立
⑥明るい

4 人間のきずな

基本ドリル1 52〜53ページ

1 ①ぼん ②つ ③びんかん ④とうとつ
⑤からくさ ⑥ていせい ⑦つ ⑧き
⑨いろり ⑩くしや ⑪にご ⑫はくだく
⑬ふきつ ⑭だいきち ⑮いちじる ⑯ぬま
⑰あ ⑱こうよう ⑲つぶ ⑳かい ㉑くだ
㉒さいせき ㉓だえき ㉔つば
㉕わんきょく ㉖つぶ ㉗りゅうし ㉘は
㉙ちょうやく ㉚と ㉛さく ㉜や
㉝かたまり ㉞きんかい ㉟ふた
㊱ずがいこつ ㊲れいとう ㊳こお
㊴こご ㊵えら ㊶いだい ㊷こ
㊸しょうてん ㊹ちみつ ㊺しょうじん
㊻ふめいりょう ㊼しょくたく ㊽がけ

㊾だんがい　㊿しゃしょう

2 (例)①妹がこぼさずに料理を運べるかどうか、気が気ではない。
②発表がうまくいくかはらはらする。
③大きな犬が走ってきたのでとっさによけた。

3 ①揚　②飛　③柵　④漬

4 ①ウ　②ウ　③イ

5 ①エ　②イ　③ク　④ア　⑤キ　⑥ウ　⑦カ　⑧オ

確認ドリル1　54～55ページ

1 ①港湾　②塊　③改訂　④跳　⑤高揚　⑥卓球　⑦焦　⑧釣　⑨粒子　⑩吉日　⑪精進　⑫唐　⑬盆地　⑭粒　⑮揚　⑯過敏　⑰崖　⑱氷塊　⑲不吉　⑳潰　㉑漬　㉒柵　㉓串刺　㉔凍　㉕偉　㉖焦点　㉗沼地　㉘瞭然　㉙粉砕　㉚冷凍　㉛断崖　㉜跳躍　㉝唐草　㉞蓋　㉟暖炉　㊱著　㊲合掌　㊳白濁　㊴凍　㊵砕　㊶天蓋　㊷生糸　㊸濁　㊹潰　㊺唾液　㊻偉大　㊼精緻　㊽跳　㊾病　㊿唾

2 ①せいぜい　②案の定　③わざわざ　④とっさに

3 ①心配　②緊張　③驚き

4 ①療→瞭　②致→緻　③承→掌　④託→卓　⑤違→偉　⑥停→訂

5 ①心　②面　③気

基本ドリル2　56～57ページ

1 ①どの　②きゅうでん　③てん　④とのさま　⑤あいさつ　⑥しょう　⑦たにんぎょうぎ　⑧はだぎ　⑨もめん　⑩ぬ　⑪さいほう　⑫ぞうすい　⑬た　⑭もち　⑮べい　⑯は　⑰とろ　⑱しか　⑲しっせき　⑳さけ　㉑ぜっきょう　㉒うかが　㉓らいひん　㉔こうい　㉕けんじょうご　㉖ゆず　㉗ほうめい　㉘おんしゃ　㉙せいぎょ　㉚ごよう　㉛ぐけん　㉜おろ　㉝へいしゃ　㉞せっちょ　㉟つたな　㊱そしな　㊲あら　㊳ろ　㊴はいかい

2 殿

3 ①エ　②カ　③オ　④イ　⑤ウ　⑥ア

4 ①ア　②イ　③ア

5 ①イ　②ア　③イ　④イ

6 ①カ　②キ　③ア　④イ　⑤ウ　⑥オ　⑦エ

確認ドリル2　58～59ページ

1 ①吐息　②𠮟〈叱〉責　③縫合　④餅　⑤殿様　⑥吐　⑦儀式　⑧絶叫　⑨𠮟〈叱〉　⑩木綿　⑪宮殿　⑫地肌　⑬叫　⑭殿　⑮餅　⑯性　⑰炊　⑱縫　⑲殿　⑳挨拶　㉑雑炊　㉒御中　㉓愚　㉔国賓　㉕拙　㉖行為　㉗御所　㉘粗　㉙制御　㉚粗悪　㉛伺　㉜譲　㉝呂　㉞謙虚　㉟拙著　㊱譲歩　㊲俳諧　㊳疲弊　㊴愚　㊵芳名

2 ①性　②炊　③縫

3 ①拝見した→(例)ご覧になった
②お招きになる→(例)お招きする
③おいでになられる→(例)おいでになる
④申しあげる→(例)おっしゃる

4 ①命　②非

5 ①芳　②貴　③尊　④愚　⑤弊　⑥粗

基本ドリル3　60～61ページ

1 ①ごしん　②み　③ちんしゃ　④らくのう　⑤かんがい　⑥しんし　⑦ふくし　⑧りんり　⑨はか　⑩はか　⑪しもん　⑫と　⑬しっぴつ　⑭しゅうねん　⑮かね　⑯けいしょう　⑰い　⑱ちゅうぞう　⑲しんすい　⑳ひた　㉑くじゅう　㉒しる　㉓くじゅう　㉔しぶ　㉕かんしょう　㉖へいこう　㉗きょうじゅ　㉘きせき　㉙はいぜん　㉚かいそう　㉛も　㉜せっしゅ　㉝じょうぞう　㉞はちみつ　㉟めんるい　㊱せんちゃ　㊲い　㊳じゅうてん　㊴かさく　㊵おうとつ　㊶ぼきん　㊷つの　㊸かじょう　㊹せんざい　㊺は　㊻かえり　㊼あらわ　㊽お　㊾た　㊿た

2 ①イ　②ウ　③ウ　④イ　⑤ア　⑥ウ　⑦ウ　⑧ア

3 ①関　②示

4 ①ウ　②イ　③エ　④ア

5 ①射る　②干渉　③並行　④摂取　⑤海藻

確認ドリル 3　62〜63ページ

1 ①諮問 ②鋳型 ③福祉 ④執筆 ⑤諮
⑥享受 ⑦執念 ⑧感慨 ⑨鋳造 ⑩均衡
⑪汁 ⑫警鐘 ⑬診 ⑭図 ⑮浸 ⑯酪農
⑰紳士 ⑱軌跡 ⑲渋 ⑳陳列 ㉑交渉
㉒執 ㉓倫理 ㉔浸水 ㉕肉汁 ㉖鐘
㉗苦渋 ㉘打診 ㉙藻 ㉚麺類 ㉛洗剤
㉜省 ㉝映 ㉞過剰 ㉟凸 ㊱著
㊲募金 ㊳推 ㊴充実 ㊵裁 ㊶佳作
㊷断 ㊸凹面鏡 ㊹煎〈煎〉 ㊺配膳 ㊻醸造
㊼煎〈煎〉茶 ㊽募 ㊾摂取 ㊿補塡〈填〉
(51)蜂蜜 (52)海藻

2 ①診る ②厚い

3 ①充 ②募

4 ①⑴驚異 ⑵胸囲 ⑶脅威 ②⑴干渉
⑵鑑賞 ⑶感傷 ③⑴閉口 ⑵並行 ⑶平衡

5 論理を捉えて

基本ドリル 1　70〜71ページ

1 ①きょだい ②ことう ③ぼうだい ④ふく
⑤なぞ ⑥さいばい ⑦ぎょうかいがん
⑧こ ⑨たいてい ⑩うんぱん
⑪たいせきぶつ ⑫じょじょ
⑬たきぎ ⑭しんすい ⑮ほうき
⑯しんしょく ⑰おか ⑱こうそう
⑲ひんぱつ ⑳ほうかい ㉑くず
㉒こうじょうか ㉓きが ㉔う ㉕しっこく
㉖うるし ㉗じごく ㉘ぎんみ
㉙はあく ㉚いっち ㉛いた
㉜かまくらじだい ㉝こふん ㉞じんとう
㉟かいたく ㊱しゅりょう ㊲ぼっぱつ
㊳こんせき ㊴きずあと ㊵おくびょう
㊶かいしょ ㊷ていたく ㊸がいこつ
㊹がいとう ㊺いしょく ㊻じゅばく
㊼のろ ㊽しさ ㊾せいぼ ㊿いしょう
(51)わざ (52)ばくろ (53)しの (54)にんじゅつ

2 ①オ ②カ ③エ ④ア ⑤ウ ⑥キ ⑦イ

3 (例)①いったい誰がこの花を飾ったのだろうか。
②疲れすぎて、話をすることもままならない。

4 ①ウ ②ア ③イ ④ア ⑤ウ ⑥イ ⑦ア

確認ドリル 1　72〜73ページ

1 ①凝 ②謎 ③徐々（徐徐） ④培養
⑤侵入 ⑥漆黒 ⑦運搬 ⑧石灰 ⑨地獄
⑩薪炭 ⑪大抵 ⑫膨 ⑬侵 ⑭放棄 ⑮崩壊
⑯孤島 ⑰盆栽 ⑱凝固 ⑲抗争 ⑳薪
㉑膨大 ㉒飢 ㉓飢餓 ㉔漆 ㉕頻出
㉖巨大 ㉗堆積 ㉘恒常 ㉙崩 ㉚致
㉛一把 ㉜吟味 ㉝一致 ㉞楷書 ㉟開拓
㊱嘱望 ㊲臆病 ㊳古墳 ㊴骸骨
㊵傷痕（傷跡） ㊶衣装 ㊷邸宅 ㊸陣地
㊹鎌倉 ㊺暴露 ㊻呪文 ㊼示唆 ㊽狩猟
㊾歳暮 ㊿痕跡 (51)呪 (52)当該 (53)業 (54)勃発
(55)忍者 (56)忍

2 ①欠 ②的 ③化 ④線

3 ①消失 ②多発 ③無限 ④容易

4 勃興・教唆・公邸・嘱託・臆面・骸骨

5 ⑴ウ ⑵ア

6 いにしえの心を訪ねる

基本ドリル 1　78〜79ページ

1 ①おうぎ ②せんじょうち ③わず
④きんさ ⑤とつじょ ⑥ふね
⑦しゅうこう ⑧ふな ⑨にょうぼう
⑩ひとふさ ⑪はたち ⑫はたち ⑬たづな
⑭ようこう ⑮ただよ ⑯ひょうちゃく
⑰おもて ⑱うら ⑲た ⑳いつわ
㉑き ㉒ちょうしょう ㉓あざけ
㉔するど ㉕えいり ㉖まさ ㉗あかつき
㉘ねどこ ㉙きしょう ㉚ゆか
㉛ぞくじん ㉜へいぼん ㉝ふんいき
㉞し ㉟ていけつ ㊱し ㊲また ㊳しず
㊴ちんつう ㊵ろう ㊶ろうにん
㊷きゅうれき ㊸こよみ

2 (例) 新商品が発売されたが、たちまち売り切れてしまった。

3 ①イ ②ア ③ア

4 ①ウ ②カ ③ア ④イ ⑤キ ⑥エ ⑦オ

5 ①イ ②ア ③イ ④ア

確認ドリル 1　80～81ページ

1
①漂着 ②扇状地 ③舟 ④嘲〈嘲〉
⑤綱紀 ⑥二十歳（二十） ⑦堪 ⑧綱
⑨舟航 ⑩浦 ⑪欠如 ⑫一房 ⑬自嘲〈嘲〉
⑭面 ⑮漂 ⑯舟歌（船歌） ⑰逸話 ⑱僅〈僅〉
⑲騎馬戦 ⑳手向 ㉑女房 ㉒扇
㉓僅〈僅〉差 ㉔精鋭 ㉕勝 ㉖鋭 ㉗暁
㉘又 ㉙寝床 ㉚締結 ㉛暦 ㉜締
㉝浪人 ㉞沈下 ㉟平凡 ㊱楼閣 ㊲敷
㊳床 ㊴沈 ㊵起床 ㊶旧暦 ㊷俗事
㊸雰囲気

2
①双方 ②歓声 ③辞退 ④悠然

3
①綱 ②鋭

4
①ア ②ア ③イ ④イ ⑤ア

5
①感 ②折 ③起・転

7 価値を語る 読書に親しむ

基本ドリル 1　86～87ページ

1
①かいぼうがく ②りくつ ③しょうげき
④しばい ⑤すいもん ⑥でし ⑦けい
⑧ようぼう ⑨せま ⑩せば ⑪きわ ⑫は
⑬はくらく ⑭しきさい ⑮すで ⑯きせい
⑰りんかく ⑱かんたん ⑲なげ ⑳どうくつ
㉑ほら ㉒しょう ㉓しんじゅ
㉔めいおうせい ㉕ちっそ ㉖みさき
㉗きゅうりょう ㉘つる ㉙おに
㉚きさい ㉛やなぎ ㉜りゅう
㉝しつじゅん ㉞うるお ㉟うる
㊱ぶんぴつ ㊲はんよう ㊳ひよく ㊴ちの
㊵おおあざ ㊶ゆえ ㊷おもかげ
㊸ぜつめつ ㊹ほろ ㊺ほにゅうるい
㊻ごうか ㊼ともな ㊽どうはん
㊾ばんそう ㊿げん (51)あくせんくとう
(52)たたか

2
①ウ ②ア ③イ

3
①息 ②目 ③耳

4
①(1)ウ (2)ア ②(1)ア (2)イ ③(1)ア (2)ウ
④(1)イ (2)ア

確認ドリル 1　88～89ページ

1
①衝動 ②剝〈剥〉 ③城郭 ④嘆 ⑤理屈
⑥究 ⑦既 ⑧感嘆 ⑨刑事 ⑩芝
⑪剝〈剥〉落 ⑫狭 ⑬既製 ⑭色彩 ⑮解剖
⑯全貌 ⑰水紋 ⑱弟子 ⑲狭 ⑳真珠
㉑洞窟 ㉒面影 ㉓冥福 ㉔柳 ㉕窒素
㉖利潤 ㉗礁 ㉘潤 ㉙沃野 ㉚鶴
㉛汎用 ㉜乳飲 ㉝洞 ㉞鬼 ㉟柳 ㊱岬
㊲陵墓 ㊳分泌 ㊴故 ㊵空洞 ㊶潤
㊷大字 ㊸鬼才 ㊹滅 ㊺伴奏 ㊻哺乳
㊼豪華 ㊽伴 ㊾点滅 ㊿同伴 (51)闘（戦）
(52)健闘 (53)弦楽器

2
①ざわめく ②演出する ③よみがえる

3
①必然 ②得意 ③一致 ④永遠

4
①鬼 ②潤 ③柳 ④滅 ⑤伴 ⑥闘

8 表現を見つめる 学習を広げる

基本ドリル 1　98～99ページ

1
①じゃちぼうぎゃく ②はなむこ
③はなよめ ④とつ ⑤しゅくえん
⑥けんしん ⑦かしこ ⑧ひとじち ⑨けいり
⑩みけん ⑪まゆ ⑫たみ ⑬むく
⑭いのちご ⑮ていしゅ ⑯いっすい
⑰とうちゃく ⑱さいだん ⑲ととの
⑳しょうだく ㉑しんろう ㉒む
㉓しょうがい ㉔よ ㉕しんすい
㉖こぶし ㉗けんぽう ㉘わ ㉙ゆうすい
㉚はんらん ㉛くる ㉜きょうげん
㉝まこと ㉞さんぞく ㉟すき ㊱あお
㊲ぎょうてん ㊳しんこう ㊴な
㊵いしゅく ㊶いもむし ㊷ろぼう
㊸しんく ㊹あざむ ㊺ぎ ㊻ひれつ
㊼みにく ㊽しゅうたい ㊾しし ㊿けと
(51)しゅうきゅう (52)ふうてい (53)ぜんらたい
(54)はだか (55)うら (56)いこん (57)ほうよう
(58)ばんざい

2
（例）①今日の空は、まさしく日本晴れだ。
②ここを掘っても、まさか財宝を掘りあてることはないだろう。

3
ア

4
①ク ②オ ③キ ④イ ⑤ケ ⑥ウ ⑦カ
⑧エ ⑨ア

5
①不当 ②陰気

確認ドリル1 100～101ページ

1
①湧 ②醜 ③自虐 ④人質 ⑤信仰 ⑥欺
⑦賢 ⑧一蹴 ⑨一睡 ⑩民 ⑪承諾 ⑫裸
⑬狂 ⑭花婿 ⑮拳法 ⑯報 ⑰眉 ⑱湧水
⑲赤裸々（赤裸裸） ⑳祝宴 ㉑到着 ㉒芋虫
㉓祭壇 ㉔眉間 ㉕拳 ㉖官吏 ㉗仰
㉘酔 ㉙蹴 ㉚調 ㉛花嫁 ㉜隙 ㉝欺
㉞新郎 ㉟抱擁 ㊱萎縮 ㊲雨乞 ㊳狂喜
㊴醜態 ㊵真紅（深紅） ㊶万歳 ㊷仰天
㊸山賊 ㊹生涯 ㊺亭主 ㊻蒸 ㊼恨
㊽酔 ㊾誠 ㊿嫁 (51)無邪気 (52)賢臣
(53)氾濫 (54)風体 (55)痛恨 (56)選択肢 (57)萎
(58)卑劣 (59)路傍

2
①イ ②エ ③オ ④ウ ⑤ア ⑥ケ ⑦カ
⑧キ ⑨ク

3
①竹馬 ②小耳 ③踏む ④つぼ ⑤根

4
①到 ②睡

基本ドリル2 102～103ページ

1
①めんえきりょく ②ほちょうき ③き
④や ⑤じゅんかんき ⑥ちゆ ⑦い
⑧にょうけんさ ⑨ひふか ⑩じきしょうそう
⑪はくしてっかい ⑫ゆうもうかかん
⑬しんぼうえんりょ ⑭ふきゅう ⑮く
⑯しょうれい ⑰はげ ⑱しょうれい
⑲かせん ⑳はたお
㉑りょかくき（りょかっき） ㉒しょうにか
㉓あいまい ㉔こうえつぶ ㉕ひじ
㉖つつみ ㉗ぼうはてい ㉘ことぶき
㉙ちょうじゅ ㉚ほま ㉛えいよ
㉜かお ㉝あやつ ㉞こ ㉟ちょうかい
㊱つつし ㊲きんせい ㊳ねば
㊴ねんちゃく ㊵きた ㊶たんれん
㊷なま ㊸おこた ㊹たいまん ㊺にぶ
㊻どんかん ㊼わらべうた ㊽ほが
㊾すこ ㊿うれ (51)ゆうりょ (52)かたよ
(53)へんしょく (54)いなずま（いなづま）
(55)すいとう (56)いね (57)やまと (58)たち

2
①ア ②イ

3
①不朽 ②試聴 ③謹製 ④偏食 ⑤水稲

4
①特徴・聴覚 ②軽症・推奨 ③完膚・赴任
④閲覧・越境

確認ドリル2 104～105ページ

1
①治癒 ②時期尚早 ③河川 ④推奨
⑤励 ⑥老朽化 ⑦循環器 ⑧激励 ⑨機織
⑩無謀 ⑪補聴器 ⑫旅客機 ⑬勇猛果敢
⑭癒 ⑮朽 ⑯尿検査 ⑰撤去 ⑱聴（聞）
⑲小児科 ⑳皮膚 ㉑痩 ㉒免疫 ㉓症状
㉔曖昧 ㉕校閲 ㉖鍛練（鍛錬）
㉗防波堤 ㉘謹 ㉙粘土 ㉚憂慮 ㉛名誉
㉜操 ㉝懲戒 ㉞怠慢 ㉟鈍感 ㊱肘
㊲童歌 ㊳謹賀 ㊴怠 ㊵憂 ㊶寿
㊷鈍 ㊸薫 ㊹健 ㊺朗 ㊻堤
㊼偏食 ㊽粘 ㊾天寿 ㊿鍛 (51)誉
(52)怠 (53)懲 (54)偏 (55)稲 (56)陸稲
(57)稲作 (58)大和 (59)太刀

2
ア

3
高尚・撤退・果敢・陰謀

4
①川 ②児 ③客 ④朗 ⑤健 ⑥操
⑦鈍 ⑧稲

6 5 4 3 2 1
D C B A